# Projekt
# **dla Polski**

# Projekt
# dla Polski

## Perspektywa **lewicowa**

pod redakcją Janusza Reykowskiego
przy współpracy Krzysztofa Janika
i Lecha Nikolskiego

Warszawa 2011

Projekt okładki i stron tytułowych: Marta Kurczewska

Redakcja i korekta: Anna Kaniewska

Niniejsza publikacja powstała w wyniku prac zespołów
Centrum Politycznych Analiz finansowanych przez
Fundację im. Kazimierza Kelles-Krauza we współpracy
z Fundacją Aleksandra Kwaśniewskiego Amicus Europae.

ISBN 978-83-7383-506-1

Wydawnictwo Naukowe Scholar Spółka z o.o.
ul. Krakowskie Przedmieście 62, 00-322 Warszawa
tel./fax 22 826 59 21, 22 828 95 63, 22 828 93 91
dział handlowy: jak wyżej, w. 105, 108
e-mail: info@scholar.com.pl; scholar@neostrada.pl
http://www.scholar.com.pl

Wydanie pierwsze
Skład i łamanie: WN Scholar (Stanisław Beczek)
Druk i oprawa: Wrocławska Drukarnia Naukowa PAN

# SPIS TREŚCI

6

## CZĘŚĆ DRUGA
## KOMENTARZE

# Noty o autorach i redaktorach

**Leszek K. Gilejko** – prof. zw. dr hab., specjalista w zakresie socjologii ekonomicznej, stosunków pracy i ruchów społecznych. Wykładowca Szkoły Głównej Handlowej, dziekan Wydziału Socjologii Akademii Humanistycznej im. A. Gieysztora w Pułtusku, członek Komitetu Nauk o Pracy i Polityce Społecznej PAN. Kierował badaniami dotyczącymi samorządu pracowniczego, związków zawodowych, własności pracowniczej. Autor i współautor m.in. prac: „Społeczeństwo a gospodarka. Socjologia ekonomiczna", „Aktorzy restrukturyzacji. Trudne role i wybory", „Dylematy drugiej dekady polskiej transformacji".

**Tomasz Goban-Klas**, prof. dr hab., socjolog, medioznawca, specjalista w dziedzinie komunikacji społecznej i masowej, kierownik Katedry Komunikowania i Mediów Społecznych Uniwersytetu Jagiellońskiego, wykładowca Wyższej Szkoły Zarządzania i Bankowości w Krakowie, pełnił funkcję dyrektora w Polish Information Center i profesora na State University of New York w Buffalo. Autor i współautor m.in. prac: „Społeczeństwo informacyjne. Szanse, zagrożenia, wyzwania", „Prasa lokalna i środowiskowa w Stanach Zjednoczonych. W cieniu gigantów", „Mass media w Polsce 1989–1992. Rekonstrukcja sfery publicznej", „Media i komunikowanie masowe. Teorie i analizy pracy, radia, telewizji i Internetu".

**Andrzej Kurz** – wydawca, wykładowca akademicki, wieloletni dyrektor krakowskiego Wydawnictwa Literackiego. Współzałożyciel Krakowskiego Stowarzyszenia Kuźnica, jego wiceprzewodniczący w latach 1981–2001, następnie przewodniczący. Radny Sejmiku Małopolskiego w latach 2002–2006. Przez trzydzieści lat członek Społecznego Komitetu Odnowy Zabytków Krakowa.

**Aleksander Łukaszewicz** – prof. zw. dr hab., specjalista w dziedzinach planowania, polityki gospodarczej i strategii rozwoju gospodarczego, wykładowca na Uniwersytecie Warszawskim, pracownik Zakładu Strategii i Polityki Gospodarczej Wydziału Nauk Ekonomicznych UW. Autor m.in. prac: „Rozwój społeczno-gospodarczy. Studia o strategii i planowaniu", „Studia nad procesem transformacji systemowej w Polsce".

**Andrzej Mencwel** – prof. dr hab., kulturoznawca, historyk idei, twórca Instytutu Kultury Uniwersytetu Warszawskiego, laureat nagrody polskiego PEN Clubu im. Jana Strzeleckiego, wykładowca Uniwersytetu Warszawskiego, członek Komitetu Nauk o Kulturze Polskiej Akademii Nauk, Członek Rady Towarzystwa Popierania i Krzewienia Nauk. Autor m.in. książek: „Stanisław Brzozowski – kształtowanie myśli krytycznej", „Przedwiośnie czy potop", „Wyobraźnia antropologiczna", „Rodzinna Europa po raz pierwszy", „Etos lewicy".

**Andrzej Romanowski** – prof. dr hab., literaturoznawca i historyk. Wykłada w Instytucie Polonistyki Uniwersytetu Jagiellońskiego. Pracownik Instytutu Historii im. Tadeusza Manteuffla Polskiej Akademii Nauk, redaktor naczelny Polskiego Słownika Biograficznego. Autor i współautor m.in. prac: „Młoda Polska wileńska", „Pozytywizm na Litwie", „Jak oszukać Rosję. Losy Polaków XVIII–XX wieku", „Skrzydlate słowa – słownik cytatów". Laureat nagrody Kowadła, przyznawanej przez Krakowskie Stowarzyszenie Kuźnica.

**Janusz Reykowski** – prof. zw. dr hab., członek Europejskiej Akademii Nauk, psycholog społeczny. Współzałożyciel i przewodniczący Rady Programowej Szkoły Wyższej Psychologii Społecznej w Warszawie. Pracownik Instytutu Psychologii Polskiej Akademii Nauk (w latach 1980–2002 dyrektor Instytutu). Członek honorowy Polskiego Towarzystwa Psychologicznego i Polskiego Towarzystwa Psychologii Społecznej. Wykładowca i konsultant wielu uczelni zagranicznych. Członek zagranicznych i międzynarodowych instytucji naukowych, prezydent Międzynarodowego Towarzystwa Psychologii Politycznej (2004–2006). Współprzewodniczący zespołu ds. reform politycznych podczas obrad Okrągłego Stołu. Autor m.in. książek: „Potoczne wyobrażenia o demokracji", „Postawy i wartości Polaków a zmiany systemowe", „Social and Moral

Values", „Konflikt i porozumienie. Psychologiczne podstawy demokracji deliberatywnej". Laureat nagrody Morton Deutsch Awards for Social Justice.

**Zdzisław Sadowski** – prof. dr hab., członek korespondent Polskiej Akademii Nauk, zastępca przewodniczącego Komitetu Prognoz „Polska 2000 Plus", redaktor naczelny dwumiesięcznika „Ekonomista", członek zwyczajny Towarzystwa Naukowego Warszawskiego, członek honorowy Klubu Rzymskiego, członek zwyczajny European Academy of Sciences, Arts and Literature, honorowy prezes Polskiego Towarzystwa Ekonomicznego. W latach 1970–1972 dyrektor Centrum Planowana Rozwoju ONZ w Nowym Jorku. W latach 1987–1988 wiceprezes Rady Ministrów i przewodniczący Komitetu ds. Realizacji Reformy Gospodarczej oraz Komisji Planowania przy Radzie Ministrów. Autor i współautor m.in. książek: „Wyzwania rozwojowe", „Eseje o gospodarce", „Kalecki's Economics Today", „Transformacja i rozwój – wybór prac".

**Andrzej Walicki** – prof. dr hab., historyk filozofii i myśli społecznej, specjalizuje się w badaniu dziejów myśli rosyjskiej i polskiej, a także historii marksizmu. Członek rzeczywisty Polskiej Akademii Nauk, członek zwyczajny Towarzystwa Naukowego Warszawskiego. Był pracownikiem Instytutu Filozofii i Socjologii PAN, Australijskiego Uniwersytetu Narodowego w Canberze oraz Uniwersytetu Notre Dame w Indianie. Autor m.in. książek: „Filozofia a mesjanizm. Studia z dziejów filozofii i myśli społeczno-religijnej romantyzmu polskiego", „Między filozofią, religią i polityką. Studia o myśli polskiej epoki romantyzmu", „Trzy patriotyzmy. Trzy tradycje polskiego patriotyzmu i ich znaczenie współczesne", „Polskie zmagania z wolnością. Widziane z boku".

**Jerzy J. Wiatr** – prof. zw. dr hab., socjolog i politolog. Rektor Europejskiej Wyższej Szkoły Prawa i Administracji w Warszawie. Gościnnie wykładał na University of Michigan, University of British Columbia i Manchester University. Uczestnik obrad Okrągłego Stołu. Minister Edukacji Narodowej w latach 1996–1997. Autor i współautor m.in. książek: „Socjologia polityki", „Władza lokalna po reformie samorządowej", „Socjaldemokracja wobec wyzwań XXI wieku", „Europa postkomunistyczna – przemiany państw i społeczeństw po 1989 roku", „Przywództwo polityczne – studium politologiczne". Poseł na sejm w latach 1991–2001.

**Piotr Żuk** – dr hab., socjolog polityki, specjalista od nowych ruchów społecznych. Kierownik Zakładu Socjologii Stosunków Politycznych w Instytucie Socjologii Uniwersytetu Wrocławskiego, autor i współautor m.in. książek: „Społeczeństwo w działaniu". Ekolodzy, feministki, skłotersi", „Struktura a kultura. O uwarunkowaniach orientacji emancypacyjnych w społeczeństwie polskim", „Spotkania z utopią w XXI wieku". Radny Sejmiku Dolnośląskiego.

**Krzysztof Janik** – dr nauk politycznych, wykładowca akademicki, poseł na sejm w latach 1993–2005, podsekretarz stanu w Kancelarii Prezydenta Aleksandra Kwaśniewskiego, Minister Spraw Wewnętrznych i Administracji w latach 2001–2004. Członek kierownictwa SLD do 2005 roku. Obecnie wykłada w Krakowskiej Akademii im. Andrzeja Frycza Modrzewskiego.

**Lech Nikolski** – politolog i historyk, wykładowca akademicki, poseł na sejm w latach 1997–2005, członek kierownictwa SLD do 2005 r. Członek Rady Ministrów kierujący przygotowaniami do referendum akcesyjnego do Unii Europejskiej w 2003 r., Minister–Prezes Rządowego Centrum Studiów Strategicznych w latach 2003–2005. Obecnie wykłada w Wyższej Szkole Zarządzania Personelem w Warszawie.

# Wstęp

Tekst niniejszy przedstawia zarys pewnego sposobu myślenia o rzeczywistości społecznej we współczesnej Polsce i o tym, jakim zmianom rzeczywistość ta powinna podlegać. Ów sposób myślenia w zamyśle autorów opiera się na lewicowej aksjologii i stara się przedstawić problemy, przed którymi stoi obecnie nasz kraj, z lewicowej perspektywy. Wszakże owa lewicowa perspektywa ujmowana jest tu do pewnego stopnia inaczej, niż była ujmowana dawniej w programach partii socjalistycznych i socjaldemokratycznych, chociaż nie jest też tożsama z ideologią „trzeciej drogi".

Stanowisko przedstawione w tym opracowaniu akceptuje, w zasadzie, reguły demokratycznego kapitalizmu, mając na myśli pewną „idealną" jego formę, a nie jej różnorodne wcielenia. Akceptacja ta nie wynika jednakże z przekonania, że jest to ostateczne i najlepsze ujęcie form ludzkiego bytowania. Całkiem przeciwnie, demokratyczny kapitalizm ma głębokie defekty, których przezwyciężenie wymagać będzie najpewniej bardzo gruntownych jego zmian. W obecnej sytuacji historycznej nie rysują się jednak żadne realistyczne perspektywy takich zmian, żadne jasno sprecyzowane alternatywy. Ludzkość będzie poszukiwała takich alternatyw, ale ich wypracowanie może zająć jej jeszcze sporo czasu. Dlatego skupienie na tym zadaniu nie może odciągać lewicy od zadań doraźnych, od prób znalezienia sposobów poprawiania życia społecznego już teraz.

Opracowanie niniejsze próbuje sformułować pewne ogólne idee dotyczące tego, jak owo poprawianie demokratycznego kapitalizmu mogłoby wyglądać. Nie zawiera jednak gotowych, skonkretyzowanych propozycji tej poprawy – zaledwie ich zarysy. Po to, aby zarysy takie mogły przekształcić się w realny program zmian, konieczne jest przeprowadzenie szerokiej, angażującej różne środowiska debaty politycznej i wynikającej z tej debaty rozbudowanej pracy programowej. W takiej debacie powinny być słyszane glosy nie tylko tych, którzy się z lewicą utożsamiają, lecz także tych, którzy dostrzegając niedoskonałość panujących stosunków, gotowi są do podjęcia z lewicą dialogu o kierunkach i sposobach ich naprawy. Mówiąc tu o konieczności szerokiej debaty politycznej, nie utożsamiamy jej z krytyką współczesności.

Lewicowe myślenie często do takiej krytyki bywa sprowadzane, ale perspektywy lewicowej nie powinno się utożsamiać z bezkompromisowym krytycyzmem wad i nieprawości demokratycznego kapitalizmu. Choć poważna krytyka jest co oczywiste niezbędna, jeszcze bardziej niezbędna jest wizja programowa mówiąca o tym, co i jak powinno być zmienione. Lewica nie stanie się rzeczywistą siłą społeczną, jeśli nie będzie miała do zaproponowania atrakcyjnych dla społeczeństwa kierunków zmian, jeśli nie przedstawi realistycznych projektów polepszenia warunków ludzkiego życia.

Niniejszy tom ma być głosem w postulowanej tu politycznej debacie. W intencji autorów ma on służyć jej aktywizacji. Powstał jako wynik dyskusji organizowanych przez Centrum Politycznych Analiz – dyskusji toczonych przez blisko dwadzieścia miesięcy. Wzięło w nich czynny udział kilkadziesiąt osób. W ich wyniku powstało kilkanaście opracowań i raportów. Odbyło się też kilka konferencji, w których uczestniczyło (łącznie) kilkaset osób. Praca ta była możliwa dzięki wsparciu finansowemu Sojuszu Lewicy Demokratycznej i pomocy ze strony Fundacji Aleksandra Kwaśniewskiego Amicus Europae.

Tom ten składa się z dwóch części. Pierwsza przedstawia dokument zatytułowany *Projekt dla Polski – założenia*. Jest to raport, który powstał jako wynik przeprowadzonych debat. Obejmuje on cztery opracowania przygotowane przez trzech autorów: Janusza Reykowskiego (podrozdział I i III), Zdzisława Sadowskiego (podrozdział II) i Jerzego Wiatra (podrozdział IV). Autorzy tych opracowań nie próbowali uzgadniać stanowisk między sobą. Uważają, że perspektywy lewicowej nie można utożsamiać z jakimś ściśle określonym kanonem twierdzeń, z ideologią czy doktryną, która zawiera wyraźnie sprecyzowane definicje prawdy i słuszności, a tym samym wyznacza granice prawomyślności i ustala, co jest nieprawomyślne. Perspektywa ta to raczej pewien sposób myślenia oparty na określonych wartościach, prowadzący różnych ludzi do różnych ocen i propozycji. Dopiero wtedy, gdy dochodzi do formułowania programu politycznego, trzeba zmierzać do uzgodnień umożliwiających wspólne działanie. W fazie debaty zaś trzeba zachować otwartość na różne sposoby ujęcia tych samych spraw.

Druga część niniejszego tomu jest pewną formą takiej debaty. Zawiera ona oceny, komentarze i uwagi krytyczne wobec idei zawartych w raporcie, które przedstawiło kilkunastu wybitnych autorów zainteresowanych sytuacją lewicy.

Liczymy, że po opublikowaniu tego tomu pojawią się dalsze głosy dyskusyjne.

*Janusz Reykowski*

Część pierwsza

**Raport *Projekt dla polski – założenia***

JANUSZ REYKOWSKI

# I. TRZECIA RZECZPOSPOLITA A LEWICA

## 1. Trzecia RP jako nowa forma ładu społeczno--ekonomicznego

### *Filozofia nowego ładu*

Przełom 1989 r. zaowocował ukształtowaniem się w naszym kraju nowego ładu społecznego i systemu wyobrażeń o tym, jak pożądany ład powinien wyglądać. Wyobrażenia te można określić jako **filozofię nowego ładu społecznego**. Choć jej elementy pojawiały się dużo wcześniej, głównie w latach osiemdziesiątych, to w pełni rozwinęła się dopiero po 1990 r., gdy władzę w Polsce przejęła formacja solidarnościowa.

Filozofia ta była właściwie odwrotnością politycznych, ekonomicznych, światopoglądowych założeń, na których opierał się system realnego socjalizmu[1]. Obejmowała przekonania dotyczące życia gospodarczego (wolny rynek, a nie państwo ma być głównym regulatorem gospodarki), rządzenia państwem (władza ma odpowiadać przed społeczeństwem, a nie stać ponad nim), stosunków społecznych (główna rola w życiu społecznym ma przypadać ludziom sukcesu ekonomicznego – przedsiębiorcom, menedżerom, bankowcom, a nie górnikom, robotnikom czy rolnikom[2]), sytuacji obywatela (los jednostki ma zależeć od niej samej, a nie od państwa, które miałoby jej pilnować i otaczać ją opieką), roli religii (Kościół, a nie środowiska laickie, ma odgrywać wiodącą rolę w życiu publicznym), historii i tradycji (propagowane i święcone mają być tradycje na-

---

[1] Także jednak, w znacznej mierze, odwrotnością tych założeń, które Solidarność, zwalczając system realnego socjalizmu, głosiła – chodzi w szczególności o założenia społeczno-ekonomiczne.

[2] Wypada podkreślić, że mowa tu o **założeniach systemu**, a nie o jego praktyce.

rodowe podtrzymujące konserwatywną formę patriotyzmu, a z życia zbiorowego i edukacji należy wyrugować inne tradycje i inne formy patriotyzmu, w szczególności lewicowe), stosunków międzynarodowych (Zachód i Stany Zjednoczone mają być głównymi przyjaciółmi i sojusznikami, a głównym przeciwnikiem czy wrogiem – Rosja).

Podstawowe kategorie tej filozofii to wolny rynek, własność, demokracja, prawa obywatelskie, autonomia jednostki, indywidualizm, społeczna hierarchia, religia katolicka, tradycje narodowe, Zachód. Można zauważyć, że dominują w niej idee prawicowo-liberalne jako przeciwieństwo ideologii lewicowej, w szczególności w jej wersji panującej w krajach realnego socjalizmu. Procesy, jakie w owym czasie zachodziły, i kształt filozofii panującej w Polsce nie były zjawiskiem tylko lokalnym. W rzeczywistości odwrót od wielu założeń lewicowej ideologii i lewicowego obrazu świata następował w wielu rozwiniętych krajach Zachodu. W ostatnich dekadach ubiegłego wieku zachodziły wyraźne zmiany w świadomości społecznej. W krajach zachodnich symbolami tych zmian były nazwiska Margaret Thatcher i Ronalda Reagana. Wolny rynek, denacjonalizacja, deregulacja, umocnienie indywidualizmu traktowane były jako przesłanki pomyślnego rozwoju społeczeństw. W Polsce przekształcenie tych idei w politykę państwa było, w znacznej mierze, zasługą Leszka Balcerowicza, który postrzegany jest jako główny promotor i symbol tych zmian.

## Dwa dominujące nurty

W Polsce ten sposób myślenia o społecznej rzeczywistości miał dwa odrębne nurty. Jeden przeciwstawiał się przeszłości, kładąc nacisk przede wszystkim na demokratyczny kapitalizm, którego główną ideą była wolność – zarówno ekonomiczna, jak i polityczna. Wolność ekonomiczna ujmowana była zgodnie z panującym w wielu krajach świata neoliberalnym paradygmatem. Drugi nurt przeciwstawiał się przeszłości, kładąc nacisk na narodowo-katolickie tradycje. W tym ujęciu kwestia wolności traktowana była przede wszystkim jako obrona narodowej suwerenności.

Klamrą spinającą te nurty stał się tzw. antykomunizm, czyli wrogość wobec ideologii i instytucji o charakterze socjalistycznym, potępienie przeszłości oraz ludzi i środowisk w jakiś sposób z tą przeszłością związanych. „Antykomunizm" miał różne natężenia – od umiarkowanego, polegającego na bezwzględnej krytyce przeszłości i rezerwie wobec środowisk z tą przeszłością łączonych, do radykalnego, propagującego i realizującego różne formy „polityki odwetu" i wykluczenia.

Oprócz tych dwóch, dominujących nurtów są w Polsce i inne sposoby myślenia o przeszłości i o pożądanych formach ładu społecznego, w tym takie, którym krytyka przeszłości nie przesłania faktu, że czas PRL był także okresem realizacji ważnych narodowych celów, a demokracja nie jest identyfikowana z „antykomunizmem".

## „Antykomunizm"

W kształtowaniu i forsowaniu nowej ideologii – „antykomunizmu" – dużą rolę odegrało pokolenie wchodzące do życia publicznego w latach osiemdziesiątych. W tym okresie realny socjalizm nie miał już żadnych ideowych uzasadnień. Utracił walory, które mogłyby czynić go atrakcyjnym czy choćby aprobowalnym przez młode pokolenie. Był on przez znaczną część społeczeństwa postrzegany jako biurokratyczny, autorytarny reżim, określany przez przeciwników jako „komunizm", a jego podstawową legitymację stanowiła sytuacja geopolityczna i siła, jaką dysponował. Siła reżimu przejawiała się raczej w nękaniu niż w konsekwentnym i bezwzględnym zwalczaniu wrogów (inaczej niż w prawicowych, dyktatorskich reżimach Ameryki Południowej – np. Chile czy Argentyny – a też inaczej niż u naszych sąsiadów).

Sprzeciw młodego pokolenia wobec istniejącego reżimu miał jeszcze inny, bardzo istotny powód – tym powodem było ograniczenie życiowych szans młodych ludzi. Ekonomicznie niewydolny system nie dawał im nadziei na uzyskanie dobrej pracy czy awansu; dla znacznej ich części perspektywy osiągnięcia samodzielności – finansowej, mieszkaniowej – wydawały się odległe. Rzeczywistość PRL spostrzegana była przez nich jako szara, zgrzebna, beznadziejna, a jako jej przeciwieństwo jawił się kolorowy świat Zachodu.

Reżim ten budził wśród młodzieży i u znacznej części dorosłego społeczeństwa wrogość i pogardę (choć także pewne obawy). Przeciwstawianie się mu i walka z nim stawały się dla wielu moralnym nakazem, a „antykomunizm" był ideologicznym orężem tej walki. Z ową antykomunistyczną ideologią duża część politycznie aktywnej młodzieży wkraczała w III RP.

Ideologia antykomunistyczna obecna była w wielu różnych środowiskach – przede wszystkim w kręgach demokratycznej opozycji zwalczającej panujący system, a także wśród tych, którzy nie angażując się w działalność polityczną, konsekwentnie ten system odrzucali (często były to środowiska związane z Kościołem katolickim). Do „obozu antykomunistycznego" przyłączały się także osoby, które wcześniej aktywnie współpracowały z systemem (np. jako członkowie czy aktywiści PZPR) i były nim rozczarowane albo też przez swój aktywny antykomunizm chciały zatrzeć pamięć o tej współpracy.

Ideologią tą przejęli się niemal wszyscy ci, którzy odgrywali i odgrywają znaczące role w polskim społeczeństwie – politycy, dziennikarze, działacze gospodarczy, intelektualiści, prawnicy, a także znaczna część, jeśli nie większość, tzw. zwykłych obywateli. Pod tym względem różnice partyjnej przynależności nie miały istotnego znaczenia. Zresztą każdy, kto wyrażał jakieś wątpliwości wobec tej filozofii nowego ładu, narażał się na zarzut „obrońcy komunizmu", który raczej powinien wytłumaczyć się ze swojej przeszłości, niż krytykować słuszną drogę. Poglądy tych krytyków, którym zarzut kryptokomunizmu trudno było postawić (np. Karol Modzelewski, Jacek Kuroń, Tadeusz Kowalik, Ryszard Bugaj) – ignorowano. Neoliberalna recepta budowy gospodarki kapitalistycznej stała się ideologią hegemoniczną głoszoną i propagowaną przez wszystkie główne media w kraju. Ideologia ta przedstawiana była jako bezalternatywna[3] i tylko konsekwentna jej realizacja miała zapewnić rozwój kraju. Wyznaczała ona ścisłe ramy politycznej poprawności.

## 2. Społeczne nadzieje i rozczarowania związane z Trzecią RP

Powstanie III RP wzbudziło wielkie społeczne nadzieje. Miała ona przezwyciężyć całe zło, jakie wiązane było z obalonym systemem tzw. realnego socjalizmu. Oczekiwano, że nowy demokratyczny system przyniesie zasadniczą zmianę warunków życia obywateli.

---

[3] Ideologia ta została omówiona i poddana krytyce w książce J. Żakowskiego pod tytułem *Anty-TINA (There is no alternative)*, Wydawnictwo Sic!, Warszawa 2005.

## Wielkie nadzieje

Przede wszystkim przyniesie **wolność**. Zniesiona więc zostanie kontrola państwa nad codziennym życiem obywateli i przywrócone podstawowe swobody: swoboda wypowiedzi, swoboda podróżowania, swoboda działalności gospodarczej. Zniesienie politycznej cenzury, wolność mediów, wolność badań i publikacji naukowych doprowadzą do usunięcia fałszywej propagandy, białych plam, sztucznych autorytetów. Wolne media ochronią obywateli przed oszukańczymi praktykami polityków. Zapewni to **tryumf prawdy**.

Nastąpi też zasadnicza zmiana w stosunku między władzą a społeczeństwem – władza pochodząca z wolnych wyborów będzie powoływana i kontrolowana przez społeczeństwo, a więc wrażliwa na potrzeby obywateli – obywatele uzyskają **polityczną podmiotowość**. Zapanują **rządy prawa**, a życiem społecznym rządzić będą **zasady sprawiedliwości**. Zniesione zostaną niezasłużone przywileje, podział społeczeństwa na „lepszych – partyjnych" i „gorszych – bezpartyjnych", a awans w sferze gospodarczej, politycznej, naukowej, kulturalnej zależeć będzie od merytorycznych, nie zaś politycznych kryteriów. Skończy się upośledzenie osób związanych z Kościołem katolickim.

Nastąpi zasadnicza **poprawa ekonomicznego bytu** obywateli. Zniesienie centralnego planowania i zastąpienie tzw. księżycowej ekonomii gospodarką rynkową – „tak jak na Zachodzie" – to gwarancja szybkiego postępu ekonomicznego. Postępu, który zapewni godziwe warunki życia każdemu, kto wykaże się przedsiębiorczością i solidną pracą.

Czy i w jakim stopniu te nadzieje się ziściły?

## Co się okazało?

Główna wartość transformacji – **wolność – stała się rzeczywistym, a nie pozornym efektem zmian**. Przeprowadzone reformy doprowadziły do zniesienia wielu podstawowych ograniczeń, którymi krępowane były swobody obywateli, i zniesienia instytucji, które miały tych ograniczeń pilnować (polityczny monopol, tajna policja polityczna, cenzura, gospodarka nakazowa). Zniesione zostały także prawa, które dopuszczały daleko idącą ingerencję państwa w życie obywateli – prawa, które ograniczały ich aktywność polityczną i gospodarczą. Jednakże wielu obywateli odkryło niespodzianie, iż istnieją również inne ograniczenia wolności, których przedtem nie brali pod uwagę – takim ograniczeniem jest ubóstwo i nędza. Obszary, które dawniej były zamknięte dla obywateli na skutek decyzji politycznych (np. podróże zagraniczne), okazują się teraz zamknięte z braku środków materialnych. Dostęp do podstawowych dóbr nie jest ograniczony przez pustki w sklepach i „przydziały", czyli decyzje jakichś na pół politycznych gremiów, lecz przez pustki w portfelu.

Zniesienie cenzury i monopolu informacyjnego miało stworzyć niezbędne warunki dla realizacji prawa każdego obywatela do uzyskania pełnej i prawdziwej informacji. Wszakże okazało się, że **zagrożenia prawdy** mogą pochodzić nie tylko od autorytarnego państwa. W państwie demokratycznym działają rozmaite siły zainteresowane narzuceniem swojej prawdy jako jedynej.

Zakładano, że pluralizm środków przekazu będzie temu zapobiegać. Pluralizm jest jednak skuteczny tylko w tym zakresie, w którym występują różnice między dysponentami głównych środków informacji. Są jednak obszary życia społecznego, co do których istnieje konsensus między dysponentami – ich interes ekonomiczny i ideologiczne pokrewieństwo skłaniają do mówienia w pewnych sprawach jednym głosem. W takim przypadku odmienne prawdy są zgodnie tępione. Ten, kto dysponuje głównymi środkami przekazu, może określać, co jest uznawane za prawdę Tak np. przez dłuższy czas zgodnie tępiona była krytyka neoliberalnych reform ekonomicznych.

Nie znaczy to, że opinie niezgodne z treścią dominującego dyskursu nie mogą ujrzeć światła dziennego (jak to miało miejsce w poprzednim systemie). Mogą, ale są marginalizowane, albo przez to, że dostępne są w małonakładowych niszowych publikacjach, albo dlatego, że podlegają zmasowanym atakom, w których chodzi o to, aby je skompromitować i wyszydzić.

Warunkiem realizacji wolności jest **stworzenie demokratycznego systemu politycznego i systemu demokratycznych instytucji.** Cele te w zasadzie udało się osiągnąć – podstawowe instytucje demokracji działają w Polsce poprawnie, a główne standardy państwa demokratycznego są przestrzegane. Jak się jednak okazało, nie gwarantuje to, że poczucie politycznej podmiotowości staje się powszechne. Poczucie, że władza postępuje zgodnie z wolą społeczeństwa, które wzrosło wkrótce po obaleniu uprzedniego reżimu, szybko zaczęło ustępować poczuciu politycznej alienacji. Obecnie wielu obywateli żywi przekonanie, że mimo zmian parlamentów i rządów polityka gospodarcza, społeczna, zagraniczna niewiele się zmienia. Ich ocena demokratycznych instytucji jest bardzo krytyczna. Bardzo krytyczna jest też ocena całej klasy politycznej.

Pod wieloma względami zawiodła również **idea państwa prawa** (czy prawnego). Demokratyczne władze włożyły wiele wysiłku w to, aby zapewnić niezawisłość sądów i objąć kontrolą sądową wiele różnych dziedzin, co miało chronić obywateli przed arbitralnymi działaniami władzy. Wszakże wkrótce okazało się, że utworzony mechanizm funkcjonuje bardzo niedoskonale – jego działania są przewlekłe i często nieefektywne. Ujawniła się też jego podatność na naciski różnego rodzaju. Tak np. podatność na naciski polityczne wykazało wiele urzędów prokuratorskich, a także aparat policyjny i służby specjalne. Zaczęły też silniej działać inne mechanizmy wpływu – pieniądze i układy personalne oraz presja mediów. Powoduje to tendencyjne zniekształcenia w działaniu prawa. W rezultacie zaufanie do wymiaru sprawiedliwości i jego ocena systematycznie spadają, a niektóre działania tego aparatu stwarzają poważne zagrożenia dla wolności obywateli.

Wszystko to nie pozostaje bez wpływu na ocenę **sprawiedliwości** systemu. Wprawdzie wiele dawnych niesprawiedliwości zostało naprawionych – np. zniesiono ograniczenia w dostępie do stanowisk publicznych dla ludzi związanych z Kościołem katolickim, osobista przedsiębiorczość stała się ważnym czynnikiem w osiąganiu sukcesu ekonomicznego, ale główna nadzieja na to, że mechanizm społeczny będzie sprzyjał awansowi najbardziej kompetentnych i najbardziej gotowych do służenia interesowi publicznemu, nie spełniła się ani w gospodarce, ani w polityce. Jak się okazało, awans zależy w dużym stopniu od takich czynników, jak powiązania polityczne, rodzinne i towarzyskie, umiejętność promowania samego siebie, interes wpływowych grup itp. Równocześnie wiele grup społecznych znalazło się w położeniu, które utrudnia albo w ogóle uniemożliwia awans ze względu na niedostępność lub niski poziom instytucji edukacyjnych, ekonomiczną deprywację itp. Gdy więc w pewnych segmentach społeczeństwa możliwości awansu znacznie wzrosły, w innych, np. na wsi, w mniejszych miejscowościach, w rodzinach notorycznie bezrobotnych – znacznie się pogorszyły.

Transformacja przyniosła licznym grupom obywateli zasadniczą **poprawę warunków życia**. Nie tylko nastąpiła radykalna zmiana pod względem zaopatrzenia sklepów, jakości i dostępności usług, standardu i dostępności opieki zdrowotnej (dla grup zamożniejszych) i dostępu do wykształcenia (ponad czterokrotnie wzrosła liczba studiujących), lecz także podniósł się stan zamożności wielu grup. Świadectwem tych zmian jest polepszanie się poziomu zaopatrzenia gospodarstw domowych w ciągu ubiegłej dekady. Równocześnie jednak wiele grup społecznych znalazło się w sytuacji ubóstwa, a korzyści wynikające z dostępności i jakości usług czy bardzo dobrego zaopatrzenia sklepów nie przekładają się na ich własny standard życia. Grupy te zostały szczególnie dotknięte ciężkim kryzysem służby zdrowia, komercjalizacją edukacji, ograniczeniem opiekuńczych funkcji państwa. Szczególnie jednak dotkliwym ciosem dla wielkich rzesz ludzi w Polsce były zmiany na rynku pracy. Ogromny wzrost bezrobocia doprowadził do trzech wysoce negatywnych efektów: pozbawił miliony ludzi środków do godziwego życia, wytworzył poczucie niepewności swego losu i lęk przed przyszłością, spowodował ogromne pogorszenie sytuacji osób pracujących, przyczyniając się do znacznej przewagi pracodawcy nad pracobiorcami. Przewaga ta jest brutalnie wykorzystywana przez wielu pracodawców.

Ten stan rzeczy odzwierciedla się w opinii społecznej na temat demokracji. Demokracja w Polsce spotyka się z krytyką z różnych stron. Krytykę wyrażają obywatele – niemal 60% stwierdza, że są niezadowoleni z tego, jak działa polska demokracja, jeszcze większa ich część niezadowolona jest z funkcjonowania różnych instytucji politycznych, takich jak sejm, senat, aparat sprawiedliwości. A już szczególnie ostrej krytyce poddawani są ci, którzy za jakość polskiej demokracji odpowiadają w pierwszym rzędzie, a więc politycy. Politycy jako kategoria społeczna postrzegani są jako niekompetentni, nietroszczący się o interes publiczny, niebudzący zaufania. Demokrację w Polsce krytykują także sami politycy, ale ich krytyka jest na ogół skierowana przeciw politycznym rywalom. Twierdzą, że to właśnie ci drudzy – ich rywale – psują demokrację.

## 3. Spór o Trzecią RP

Patrząc na III Rzeczpospolitą z szerszej, historycznej perspektywy, trudno zaprzeczyć, że jest ona wielkim osiągnięciem Polaków. Sytuacja naszego kraju jest obecnie, pod wieloma kluczowymi względami, bez porównania lepsza, niż była kiedykolwiek w ciągu ostatnich kilkuset lat.

### *Trzecia RP jako historyczne osiągnięcie Polaków*

Jest to kraj suwerenny, którego granice zabezpiecza rozbudowany system sojuszy z poważnymi partnerami. Żaden z sąsiadów mu nie zagraża. Odgrywa on znaczącą rolę na forum międzynarodowym – głównie europejskim.

Jest to kraj demokratyczny, w którym działają wszystkie główne instytucje demokracji i który przestrzega podstawowych jej standardów. Wypracowana przez jego polityczne elity konstytucja stworzyła ramy dla demokratycznego rozwoju.

Jest to kraj, który osiągnął znaczny sukces gospodarczy. Poziom życia wielkiej części jego obywateli nie był nigdy tak wysoki jak obecnie. Jego gospodarka okazała się nader odporna na zagrożenia związane z powstaniem wielkiego światowego kryzysu ekonomicznego.

Jest to kraj, w którym konflikty na tle społecznym, narodowościowym, religijnym, obyczajowym osiągają raczej umiarkowane natężenia, nawet w porównaniu z różnymi krajami politycznie i cywilizacyjnie bardziej zaawansowanymi niż nasz.

Wszystko to stało się możliwe dzięki temu, że elity tego kraju wsparte przez społeczeństwo umiały wykorzystać historyczną szansę, jaka wyłoniła się przed Polakami, a Polska stała się liderem pokojowych przemian społeczno-politycznych w całym regionie.

### *Krytyka Trzeciej RP*

Mimo wszystkich tych osiągnięć III RP poddawana jest poważnej krytyce – niekiedy bardzo gwałtownej, czy wręcz szkalującej. Do najważniejszych należą zarzuty o to, że „demokracja staje się jawnie dekoracyjna", władza bowiem przechodzi w ręce grup nacisku i nieformalnych układów, że „w polityce dominuje czynnik korupcyjny", a instytucje państwa cierpią na „głębokie skażenie nieefektywnością... połączone z zapaścią gospodarczą". W kraju panuje głęboka nieufność – „nie sposób ufać nikomu i wierzyć w rzetelność administracji", a „media [są] uwikłane w gry z państwem". „Podważone zostały etyczne podstawy politycznej przemiany"[4].

Przyczyny wad, jakie ujawniły się w III RP, wyjaśniane są w różny sposób.

Jedni uważają, że wady te są zjawiskiem historycznie nieuchronnym, związanym z **aktualnym poziomem rozwoju** demokratycznego kapitalizmu. Nie ma w nich nic takiego, co powinno nas szczególnie martwić. Dotychczas demokratyczna transformacja przebiega pomyślnie, a warunki życia we współczesnej Polsce nie odbiegają pod żadnym istotnym względem od warunków istniejących w innych kapitalistycznych, ale niezbyt rozwiniętych krajach. Posuwając się konsekwentnie dalej po tej samej drodze, czyli zmierzając do dojrzałej formy demokratycznego kapitalizmu, wady, z którymi obecnie mamy do czynienia, będziemy stopniowo usuwać.

Ten sposób myślenia zdaje się opierać na pewnej wizji życia społecznego, która przypomina historyczny materializm _à rebours_, tylko tym razem słuszna droga ma nas doprowadzić nie do komunizmu, lecz do dojrzałej formy rynkowego kapitalizmu w demokratycznej oprawie.

Drugi sposób ujmowania wad III RP traktuje je jako wynik **błędów** popełnionych na początku transformacji przez „**Ojców Założycieli**". Ostrze krytyki kieruje się przeciw rządowi Tadeusza Mazowieckiego, a w szczególności przeciw autorowi reformy gospodarczej – Leszkowi Balcerowiczowi. Głęboka klęska polityczna, jaką poniosła formacja, która te reformy żyrowała, czyli Unia Wolności, ma być dowodem, że ogromna większość polskiego społeczeństwa do reform tych ma stosunek krytyczny.

Jest jeszcze inny sposób myślenia o źródłach wad III RP, który wyjaśnia je jako **następstwo niedokończonej rewolucji**. Na skutek błędów lub złej woli jej przywódców III RP została opanowana przez pogrobowców dawnej nomenklatury, agentów, w szczególności agentów WSI oraz zbratanych z nimi niektórych działaczy dawnej opozycji, którzy stworzyli rozmaite korupcyjne „układy".

---

[4] Wszystkie cytaty z tekstu Pawła Śpiewaka wydrukowanego w miesięczniku „Res Publica Nowa" 2003, nr 4.

„Układy" te potajemnie zawładnęły różnymi instytucjami państwa, wskutek czego stało się ono niewydolne i niesprawiedliwe.

Próby wyjaśniania problemów społecznych jako wynikających ze zmowy ukrytych sił, czyli spiskowa teoria dziejów, mają długą i bogatą tradycję w wielu krajach. Siły te opisywane są w różnych kategoriach, np. narodowych lub etnicznych (są to np. Rosjanie, Żydzi, Niemcy), politycznych (imperialiści, komuniści, liberałowie), społecznych (burżuazja, oligarchowie, nomenklatura) lub w innych jeszcze (agenci, układ). Siły te mogą zostać pokonane, jeżeli do władzy dojdą prawdziwi patrioci, a wokół nich zjednoczą się ci wszyscy, którym dobro kraju leży na sercu.

Podejście, które istniejące problemy wyjaśnia za pomocą takich kategorii jak wróg (wewnętrzny i zewnętrzny), spisek, zdrada, układ, walka, wspólnota (np. narodowa), silna władza, sprawiedliwa kara itp., bywa przekonujące dla ludzi dotkniętych niesprawiedliwością i kryzysem, a także dla tych, którzy spodziewają się, że walka z wrogimi układami może stworzyć im nowe szanse życiowe. Wprawdzie nie zawiera ono żadnych realnych projektów rozwiązania tych problemów, ale stwarza złudzenie, że po wzmocnieniu władzy (centralnej) i rozprawieniu się z wrogami – szczególnie tymi ukrytymi – życie ludzi ulegnie zasadniczej poprawie.

Ta linia krytyki doprowadziła do wniosku, że III RP się skompromitowała i trzeba zacząć budować nową – IV. Wniosek ten został praktycznie rozwinięty w formę programu politycznego. W wyborach w 2005 r. ugrupowania polityczne, które opowiedziały się za odrzuceniem III RP i budową IV, uzyskały znaczny sukces polityczny – poparło je ponad 70% wyborców[5] spośród 40% tych, którzy wzięli udział w głosowaniu. Ci zaś, którzy nie wzięli w nim udziału, dali dowód, że III RP nie są gotowi bronić.

W ciągu dwóch lat rządów partii, które chciały budować IV RP, idea ta w oczach znacznej większości Polaków została skompromitowana. Nie zmienia to jednak faktu, że III RP ma poważne wady, które wpływają negatywnie na jakość życia w Polsce, skłaniają wielu aktywnych ludzi do opuszczania kraju i niosą za sobą różne zagrożenia na przyszłość.

Żaden z przedstawianych tu trzech sposobów myślenia o wadach III RP nie stwarza obiecujących perspektyw jej poprawy. Pierwszy,

---

[5] Uwzględniam tu wyborców PiS, PO, Samoobrony i LPR.

w pełni akceptując przyjętą strategię transformacji, może tylko przyczynić się do utrwalenia jej błędów. Drugi, koncentrując się na przeszłości, nie zawiera żadnych wskazówek co do kierunku zmian. Trzeci wreszcie, który zawiera idee zmian, kieruje nasz kraj w ślepy zaułek. Konieczne jest wypracowanie innego spojrzenia na wady III RP i innego podejścia do sposobów jej naprawy.

## 4. Najważniejsze wady Trzeciej RP

Analizując wady III RP, trzeba uwzględnić trzy główne sfery: społeczno-gospodarczą, polityczną, społeczno-kulturową.

### Sfera społeczno-gospodarcza

Polityka ekonomiczna prowadzona w III RP wiązała się z masowym bezrobociem, narastaniem społecznych nierówności, a także z niedorozwojem nowoczesnych branż przemysłowych.

Bezrobocie w Polsce w ciągu niemal całego dwudziestolecia utrzymywało się na bardzo wysokim, ok. 16-procentowym poziomie i w wielu środowiskach ma ono charakter trwały. Lęk przed bezrobociem dotyka bardzo szerokie kręgi społeczeństwa[6]. Jest to jeden z istotnych czynników, który doprowadził do powstania w Polsce dużych nierówności społecznych[7]. Badania porównawcze wskazują, że są one jedne z wyższych w Europie – różnie liczone wskaźniki koncentracji dochodu lokują Polskę w ich górnych przedziałach[8]. Szeroki jest zakres ubóstwa, którym w szczególności dotknięte są rodziny wielodzietne. Poczucie pokrzywdzenia związane z ubóstwem jest szczególnie dotkliwe wobec faktu, że wielkie rzesze obywateli w wyniku transformacji szybko awansowały.

Polska pozostaje w tyle za Europą, jeśli idzie o rozwój nowoczesnych technologii. Jej przemysł w znacznym stopniu ma charakter

---

[6] Według prof. P. Sztompki blisko 70% Polaków umieszczało bezrobocie na pierwszym miejscu listy problemów nękających kraj (cyt. za T. Kowalik, *www. polska transformacja.pl*, Warszawskie Wydawnictwo Literackie Muza, Warszawa 2009). W bieżącym dziesięcioleciu doświadczenie bezrobocia dotknęło od 21 do 38% rodzin (CBOS, Raport BS/57/2010).

[7] Wskazuje na to miara nierówności oparta na ogólnie przyjętym wskaźniku nierówności (tzw. wskaźniku Giniego).

[8] Chodzi tu o wskaźniki koncentracji dochodu, którymi posługują się Eurostat i OECD.

zaplecza surowcowo-kooperacyjnego dla krajów najwyżej rozwiniętych[9].

## Sfera polityczna

Aparat władzy w Polsce działa niesprawnie, wykazuje znaczną podatność na korupcyjne pokusy, narusza prawa obywateli, a instytucje demokratyczne powołane do reprezentowania obywateli cieszą się wśród nich bardzo niskim zaufaniem i autorytetem. Niesprawność aparatu władzy wiąże się ze znacznym jego zbiurokratyzowaniem oraz nieudolnością wielu jego funkcjonariuszy. W rezultacie ważne zadania publiczne (np. takie jak budowa dróg, transport publiczny, usprawnienie służby zdrowia) od lat pozostają nierozwiązane. Nie są też odpowiednio zagwarantowane interesy obywateli. Nie tylko ich żywotne sprawy załatwiane są przewlekle i niestarannie, ale nierzadko się zdarza, że aparat państwa w sposób lekkomyślny naraża na szwank ich wolność, zdrowie czy dobre imię. Przyczynia się do tego znaczne rozpowszechnienie zjawisk korupcyjnych, uleganie interesom politycznym lub interesom wpływowych grup.

Duża część obywateli naszego kraju nie ma poczucia, że wybierane władze dobrze ich reprezentują. Bardzo wielu z nich stwierdza, że „nie ma na kogo głosować", że ich potrzeby, interesy i wartości nie są przez rządzących brane pod uwagę.

## Sfera społeczno-kulturowa

Zarówno w życiu społecznym, jak i w codziennych stosunkach międzyludzkich ogromną rolę zaczęły odgrywać relacje ekonomiczne i wartości konsumpcyjne – społeczna solidarność i zaufanie tracą na znaczeniu. Wśród wpływowych segmentów społeczeństwa kwestionowana jest celowość zachowania publicznej służby zdrowia, publicznego szkolnictwa, publicznego finansowania instytucji kulturalnych, publicznych mediów. Znaczy to, że sytuacja ekonomicznie słabszej części społeczeństwa nie jest poważnie brana pod uwagę.

---

[9] A. Karpiński, *Dialog wokół przyszłości przemysłu*, „Dialog" 2009, nr 3–4.

Ważną cechą klimatu społecznego jest intensywna rywalizacja, a także wysoki poziom niepewności dotyczący własnej sytuacji ekonomicznej i statusu społecznego. Ma to istotny wpływ na jakość ludzkiego życia, sprzyja rozwojowi wielu społecznych patologii. Na charakter panujących w Polsce stosunków duży wpływ wywarło specyficzne uhierarchizowanie społeczeństwa według kryteriów ideologicznych. Zwycięski obóz solidarnościowy doprowadził do upowszechnienia kryteriów wartościowania ludzi w Polsce według ich stosunku do PRL i do opozycji. W tej hierarchii najwyższą pozycję uzyskali „aktywni bojownicy" i „ofiary reżimu", a akceptację – „milczący przeciwnicy". Po negatywnej stronie znaleźli się „kolaboranci" (przede wszystkim partyjni, ale także bezpartyjni), „nomenklatura", a na samym dole „ubecy" i „agenci"[10]. „Kolaboranci", którzy dostatecznie szybko przeszli na drugą stronę, trafili na pozytywną stronę tego rozkładu.

To swoiste uwarstwienie miało, i nadal ma, rozmaite konsekwencje – przede wszystkim moralne – ale nie tylko. Wielu ludzi znalazło się w kategorii „moralnie gorszych", którym nie należą się te same prawa co „moralnie lepszym"[11]. Nie jest to jedynie ocena moralna – ma ona także praktyczne konsekwencje, takie jak możliwości zatrudnienia czy zajmowania bardziej eksponowanych stanowisk. Duża część pracodawców niechętnie widzi u siebie osoby należące do gorszych kategorii i niechętnie je awansuje. U wielu ludzi pojawił się lęk przed ostracyzmem i trwałe poczucie za-

---

[10] Wielkie zasługi moralne tych środowisk, które z determinacją i poświęceniem, nie oglądając się na ponoszone przez siebie koszty i wyrzeczenia, głosiły ideę demokratycznej przebudowy naszego kraju i walczyły o urzeczywistnienie tej idei, są nie podważenia. Jednakże szacunek dla tej walki i ludzi, którzy ją toczyli, nie przekreśla automatycznie tych, którzy te dążenia w jakiś sposób starali się ograniczać, mając świadomość, że w przeszłości wyzwoleńcze aspiracje Polaków skłaniały ich wielokrotnie do podejmowania działań kończących się klęską i nieszczęściem, a przegranym nie pozostawało nic innego niż apoteoza walki i męczeństwa.

[11] Nie wszyscy ludzie demokratycznej opozycji akceptowali to uhierarchizowanie. W szczególności przeciwstawiali się mu Adam Michnik i Jacek Kuroń. Obaj (a szczególnie A. Michnik) spotkali się z tego powodu z niezwykle ostrymi atakami i potępieniami. Nie ma w tym nic szczególnego. Jeśli członek wyższej kasty „zbrata się" z przedstawicielami kasty niższej, jeśli poda rękę „niedotykalnemu", to zasłuży na potępienie ze strony członków swojej kasty.

grożenia[12]. Dotyczyło to nawet tak wybitnych postaci jak Ryszard Kapuściński.

Jednym ze szczególnych następstw tego uwarstwienia jest pojawienie się nowych sposobów walki politycznej. Ambitni karierowicze, którzy z racji późnego urodzenia czy innych okoliczności nie znaleźli się w górnej warstwie, nie należeli bowiem do kategorii „ofiar" czy „bojowników", zaczęli dążyć do zdezawuowania osób te pozycje zajmujących. Najlepszym sposobem zdezawuowania okazała się reklasyfikacja „aktywnych bojowników" na „agentów". W większości wypadków wymagało to naciągania istniejących faktów czy wręcz manipulowania nimi. W aktywność tę zaangażowała się liczna grupa polityków, dziennikarzy, działaczy wspomagana przez niektórych naukowców oraz tych byłych bojowników, którzy w nowej sytuacji nie znaleźli dla siebie odpowiednio godnego miejsca.

Cała ta sytuacja przyczyniła się w istotnym stopniu do pogarszania społecznego klimatu i obniżania poziomu społecznego zaufania.

Jeszcze inną cechą charakterystyczną panujących w III RP stosunków jest dominacja konserwatywnego sposobu myślenia i wpływy polityczne Kościoła katolickiego – przede wszystkim jego bardziej fundamentalistycznie myślącego skrzydła. Sytuacja ta przyczynia się do ograniczania praw różnych grup i kategorii obywateli: kobiet, mniejszości seksualnych, niektórych mniejszości religijnych itp.

## 5. Podstawowe źródła wad – perspektywa lewicowa

Rozważając z lewicowej perspektywy zjawiska, z jakimi mamy do czynienia w naszym kraju, musimy zwrócić uwagę na rolę nowych mechanizmów regulacji życia społecznego, które zostały uruchomione w wyniku transformacji, a więc mechanizmów demokratycznego kapitalizmu.

---

[12] Zwolennicy IV RP widzą tę sprawę zupełnie inaczej. Według Lecha Kaczyńskiego „(…) ludzie służb i aparatu dawnego systemu nie tylko nie są dyskryminowani, ale są uprzywilejowani w walce o własność i oni ją zdobywają" (cyt. za „Gazetą Wyborczą"). Teza ta wydaje się prawdziwa w odniesieniu do pewnych środowisk, które w warunkach swobody gospodarowania znalazły dla siebie wygodne nisze. Nie zmienia to faktu, że w skali masowej działo się coś całkiem innego.

## Fundamentalne zmiany mechanizmów społecznych

Upadek tzw. realnego socjalizmu przyniósł dwie fundamentalne zmiany w zakresie mechanizmów regulacji życia społecznego.

**Pierwsza fundamentalna zmiana** dotyczy głównej zasady społecznej regulacji: w dawnym systemie zarówno produkcja, jak i podział dóbr regulowane były w głównej mierze przez mechanizmy polityczne, czyli na postawie decyzji politycznych, w nowym zaś – przez mechanizmy ekonomiczne. Tak np. dawniej dysponentami dóbr byli ci, którzy posiadali władzę – głównym warunkiem ich uzyskania (np. mieszkania, samochodu, wyjazdu zagranicznego, miejsca w szpitalu czy na uczelni) było otrzymanie zgody odpowiednich władz (państwowych, spółdzielczych, uczelnianych, partyjnych itp.). Obecnie głównym warunkiem dostępu do wszelkich dóbr jest **stan majątkowy**, a działania ludzi podlegają rynkowej regulacji[13]. Regulacja rynkowa polega w zasadzie na tym, że podstawowym kryterium przy podejmowaniu różnych decyzji staje się ich efekt ekonomiczny (zysk).

Wprawdzie i dawniej stan majątkowy nie był bez znaczenia dla sytuacji społecznej człowieka, a z kolei i dzisiaj są obszary, w których dostęp do dóbr zależy od kryteriów politycznych (np. w przetargach organizowanych przez państwowe instytucje), ale rola tych czynników zasadniczo się zmieniła. Dawniej głównym pośrednikiem zapewniającym dostęp do wszystkiego, na czym obywatelom mogło zależeć, a więc główną „walutą", była aprobata władzy, dzisiaj takim głównym pośrednikiem są pieniądze.

**Drugą fundamentalną zmianą** mechanizmów życia społecznego jest przekształcenie zasad uzyskiwania władzy. Podczas gdy w dawnym systemie główną drogą uzyskiwania władzy była nominacja, a więc decyzje wyższych szczebli systemu hierarchicznego, obecnie podstawowym (choć niejedynym) warunkiem uzyskania władzy jest zdobycie poparcia elektoratu. Wprawdzie mechanizm nominacji nie zanikł, ale stracił samodzielność.

---

[13] Trzeba zaznaczyć, że owo zastąpienie nie jest pełne. Nadal są takie sfery życia społecznego, w których mechanizm polityczny odgrywa wiodącą rolę.

## Konsekwencje zmian

Te dwie fundamentalne zmiany w zakresie społecznych mechanizmów regulacji, choć z pozoru tylko ilościowe, pociągnęły za sobą istotne konsekwencje dla życia obywateli w naszym kraju. Pierwszą istotną konsekwencją było rozpowszechnienie ducha przedsiębiorczości i zasad ekonomicznej (rynkowej) racjonalności. W krótkim czasie wielkie rzesze ludzi podjęły samodzielną aktywność gospodarczą – miasta, wsie, drogi zaroiły się od drobnych lub większych zakładów handlowych, zakładów produkcyjnych, firm oferujących najrozmaitsze usługi. Pojawiły się nowe produkty, nowe oferty, nowe organizacje gospodarcze. W ciągu niewielu lat ukształtowała się kategoria ludzi zamożnych, a także bardzo bogatych. Pojawiła się też nędza, dotykająca coraz szersze kręgi ludzi. Wzrastała społeczna produktywność, ale w związku z tym wielu ludzi okazało się niepotrzebnych na rynku pracy. Powiększały się szeregi bezrobotnych i poszerzała ekonomiczna eksploatacja pracujących.

Wprowadzenie mechanizmów rynkowych jako głównego regulatora życia ekonomicznego doprowadziło też do wkroczenia na nasz rynek wielkich zachodnich firm i do prywatyzacji większości państwowych przedsiębiorstw i banków. Zmienił się w ten sposób nasz rynek dóbr i usług, ale też ogromne rzesze ludzi znalazły się na marginesie.

Uruchomienie potężnych regulatorów ekonomicznych i mechanizmów wyborczych doprowadziło do zasadniczych zmian w funkcjonowaniu mechanizmów władzy. Wprawdzie świat polityki nadal kontroluje wiele zasobów i podejmuje decyzje o wielkim znaczeniu dla świata biznesu, ale sam nie ma bezpośredniego dostępu do zasobów, które kontroluje, nie może ich legalnie użyć na własne cele. Dlatego jest zależny od świata pieniądza. Znaczy to, że obie strony, świat polityki i świat pieniądza, są od siebie wzajemnie zależne. Rezultatem tej współzależności jest rozprzestrzenianie się zjawisk korupcyjnych i umacnianie kontroli warstw zamożnych nad życiem politycznym kraju. Jest też zjawisko, które opisano jako „polityczny kapitalizm".

Ekonomiczny mechanizm wolnego rynku i polityczny mechanizm wolnych wyborów opierają się na zasadzie rywalizacji. Nic więc dziwnego, że ich wprowadzenie wywarło wielki wpływ na charakter stosunków społecznych i postawy ludzi – zaowocowało rozpowszechnieniem postaw rywalizacyjnych i ducha konkurencji.

Duch ten opanował wszystkie dziedziny życia. Rywalizacja toczy się o rynki, o klientów, o pracę, o elektorat, o czytelników, o pacjentów, o studentów, o granty naukowe, o stypendia, niemal o wszystko. Całe życie społeczne stało się wielką areną walki konkurencyjnej – walki, której reguły nie są dobrze ustabilizowane i dobrze zinternalizowane. Dlatego gra staje się nader bezwzględna – oszustwo, manipulacja, oszczerstwo to zjawiska bardzo częste.

Panujące w Polsce normy kulturowe ograniczają skalę tych walk – przemoc w rywalizacji ekonomicznej czy politycznej stosowana jest rzadko (w odróżnieniu od wielu innych nowo demokratyzowanych krajów) – przestępczość zorganizowana nie odgrywa istotnej roli w polskim życiu społeczno-gospodarczym. Natomiast takie zjawiska jak korupcja czy wykorzystywanie służb specjalnych w walce politycznej to zdarzenia nierzadkie.

Przeniknięcie ducha bezwzględnej rywalizacji do życia politycznego nadało demokracji w Polsce silnie adwersaryjny charakter. Wprawdzie rywalizacja i walka w polityce to zjawisko tak stare jak polityka, ale ich formy i natężenie bywają różne. W dawnym systemie przejawy rywalizacji politycznej były silnie tłumione – w nowym rozgrywa się ona na oczach publiczności. Charakterystyczną cechą tej rywalizacji jest tendencja do naruszania zasad *fair play* – do posługiwania się środkami, które mają na celu niszczenie przeciwnika – kompromitowanie i poniżenie.

## Możliwość wpływu na kierunek zmian

Można powiedzieć, że źródłem problemów, jakie pojawiły się w III RP, są pewne cechy demokratycznego kapitalizmu, chociaż one same wszystkiego nie tłumaczą. Demokratyczny kapitalizm występuje w różnych krajach świata i nie wszędzie przejawia się jednakowo, np. inaczej przejawia się w Stanach Zjednoczonych, inaczej w Niemczech, a jeszcze inaczej w Skandynawii. Ważnym czynnikiem modyfikującym muszą być warunki kulturowe. Co się tyczy naszego kraju, to istotną rolę odgrywają tu co najmniej dwa dodatkowe czynniki: rola Kościoła katolickiego, który w wyniku transformacji uzyskał dominującą pozycję, oraz szerokie otwarcie na Zachód, a w szczególności na Stany Zjednoczone, czemu towarzyszyła inwazja zarówno amerykańskiej popkultury, jak i dominującej w tym kraju społecznej ideologii.

Podstawowym wnioskiem, jaki nasuwa ta analiza, jest stwierdzenie, że warunkiem poprawy życia społecznego powinna być zasadnicza zmiana mechanizmów regulacji życia społeczno-ekonomicznego. Radykalni zwolennicy takiej zmiany postulują odrzucenie demokratycznego kapitalizmu i zastąpienie go demokratycznym socjalizmem.

Na obecnym etapie historycznym ten sposób myślenia wydaje się bardzo daleki od realizmu. I nie tylko dlatego, że tak w Europie, jak i w większości krajów świata nie widać takich sił społecznych, które tego rodzaju zmian by oczekiwały. Może jeszcze ważniejszym ograniczeniem dla realizacji takich idei jest brak rozwiniętej i sprecyzowanej koncepcji mówiącej, jak taki demokratyczny socjalizm miałby wyglądać i jak, w obecnym kontekście społecznym i ekonomicznym, należałoby go budować.

Z uznania, że idea budowania demokratycznego socjalizmu ma, przynajmniej obecnie, charakter utopijny, nie wynika teza, iż forma demokratycznego kapitalizmu, z jaką mamy do czynienia w naszym kraju, nie da się poprawić. Przeciwnie, biorąc pod uwagę fakt, że na świecie istnieje taka różnorodność jego form, powinniśmy przyjąć do wiadomości, iż demokratyczny kapitalizm może ulegać zmianom, jeśli powstanie wola polityczna, aby odpowiednie zmiany wprowadzać. Na porządku dziennym staje zatem pytanie o to, jakie to miałyby być zmiany.

Poszukując odpowiedzi na tak postawione pytanie, musimy przede wszystkim określić cele zmian, wskazując założenia aksjologiczne, na których zmiany te powinny być oparte.

## 6. Aksjologiczne założenia zmian

Forma demokratycznego kapitalizmu, jaka ukształtowała się w naszym kraju, wynika z prawicowo-liberalnej filozofii życia społecznego, a więc stanowi realizację paradygmatu dominującego we współczesnym świecie. Problemy społeczne, z jakimi mamy obecnie do czynienia, są w prostej linii jej konsekwencją. W celu przezwyciężenia tych problemów trzeba zatem odejść od owej filozofii – poszukać nowego paradygmatu opartego na odmiennych założeniach aksjologicznych.

## Podstawowe wartości lewicy i prawicy

Mimo zmian, jakie dokonały się w świecie w ciągu ponad dwustu lat od czasu, gdy zarysował się podział lewica–prawica, istota tego podziału pozostaje w mocy. Wynika on z głębokich różnic między ludźmi w zakresie dostępu do zasobów materialnych, do władzy, do środków społecznego komunikowania się. Różnice te pewnym osobom zapewniają przewagę nad innymi. Wykorzystywanie tej przewagi przyczynia się do utrzymywania licznych grup i odłamów społeczeństwa w sytuacji upośledzenia, a więc w warunkach, które ograniczają ich możliwości rozwojowe, a w wielu wypadkach mają charakter głębokiej deprywacji i opresji.

**Ideologia prawicowa** różnice te legitymizuje, uznając je za naturalne, a **polityka** prawicowa, jeśli występuje w czystej postaci, zmierza do zachowania opartych na tych różnicach stosunków społecznych. Polityka prawicowa wynika nie tylko z „egoizmu uprzywilejowanych", lecz także z przekonania, że nierówności między ludźmi są stanem pożądanym – są niezbędną przesłanką indywidualnego i społecznego rozwoju.

**Ideologia lewicowa** uznaje te różnice za społecznie wytworzone i uzasadnia **politykę**, która ma zmierzać do ich przezwyciężania. Polityka ta jest (czy też ma być) nastawiona na stwarzanie szans rozwojowych jak najszerszym kręgom ludzi. Opiera się na przekonaniu, że przezwyciężenie tych różnic może się dokonać dzięki **postępowi cywilizacyjnemu** i **przekształcaniu stosunków społecznych** w taki sposób, aby z owoców postępu cywilizacyjnego korzystać mogły nie tylko grupy najsilniejsze (uprzywilejowane), lecz także całe społeczeństwo. Zakłada, że cele takie można skuteczniej realizować dzięki upowszechnianiu **racjonalnych form myślenia** o życiu społecznym.

Polityka lewicowa jest nie tylko wyrazem potrzeb i interesów grup upośledzonych, ale wynika także z przekonania, że świat będzie lepiej urządzony, jeśli uda się w nim znieść nędzę i upośledzenie i zapewnić wyższy poziom społecznej spójności. Na takiej polityce powinni skorzystać również ci, którzy konsekwencji niesprawiedliwych stosunków społecznych bezpośrednio nie odczuwają. Jej celem jest poszerzanie obszarów wolności, a więc usuwanie różnych źródeł zniewolenia wynikających z:

– dominacji grup ekonomicznie silniejszych nad grupami ekonomicznie słabszymi,

– nadmiernego wpływu Kościoła/ów (w Polsce – Kościoła katolickiego) na politykę państwa, co przyczynia się do umacniania konserwatywnej polityki społecznej i pociąga za sobą ograniczenia praw innych religii oraz ludzi niewierzących[14],
– dominacji większości etnicznych (narodowych) nad mniejszościami,
– dominacji mężczyzn nad kobietami,
– dominacji grup głównego nurtu nad mniejszościami obyczajowymi i kulturowymi i in.

Opisując różnice między lewicową i prawicową perspektywą, można powiedzieć, że dotyczą one w głównej mierze takich fundamentalnych wartości, jak równość, wolność, sprawiedliwość. Obie te orientacje ideologiczne uznają wspomniane wartości za podstawowe, ale rozumieją je w różny sposób.

## Dylematy podstawowych wartości – problem równości

### Równość w sferze ekonomicznej

Programy lewicowe od zawsze zawierały postulat znoszenia nierówności ekonomicznych. Wszakże, jak pokazuje doświadczenie poprzedniego stulecia, próby konsekwentnej realizacji równości ekonomicznej nie sprawdzały się – przynosiły głęboki spadek produktywności ekonomicznej. Co więcej, doprowadzały one, z reguły, do nasilenia politycznego ucisku i drastycznych ograniczeń wolności. Wyobrażenia dawnej lewicy, że walkę z upośledzeniem społecznym można wygrać, usuwając wszelkie źródła nierówności ekonomicznych, w tym, przede wszystkim, drastycznie ograniczając czy znosząc własność prywatną i stosunki kapitalistyczne, okazały się więc historycznym nieporozumieniem.

Innym sposobem walki ze społecznym upośledzeniem było stworzenie instytucji państwa opiekuńczego. Instytucje te, wprowadzane w różnych krajach Europy, zapewniły zasadnicze polepszenie warunków życiowych szerokich warstw społeczeństwa. Państwo opiekuńcze realizowało ideał społecznej sprawiedliwości, jednak oka-

---

[14] Lewica sprzeciwia się także ograniczeniom praw lub marginalizowaniu ludzi wierzących.

zało się, że realizacja tego ideału przynosi też różne niepożądane konsekwencje.

Jedną z owych niepożądanych konsekwencji jest wytwarzanie asymetrycznej relacji między państwem i obywatelem: państwo staje się rozdawcą pewnych dóbr, a obywatel – beneficjentem. Ma to negatywny wpływ na społeczną motywację ludzi. Obywatele, chcąc polepszyć swoją sytuację życiową, zamiast troszczyć się o własne kwalifikacje i jakość pracy, zaczynają kierować dużą część wysiłków na zdobywanie nowych przywilejów, oraz omijanie nałożonych przez państwo wymogów i ograniczeń. Sytuacja ta wytwarza na masową skalę postawy roszczeniowe – eskalację żądań, domaganie się coraz to nowych uprawnień i nowych przywilejów, zmniejszając motywację do podejmowania użytecznych społecznie wysiłków. W dłuższej perspektywie może to osłabiać szanse rozwojowe kraju.

Doświadczenie krajów skandynawskich wskazuje, że nie zawsze tak musi się dziać (choć i tam spotyka się narzekania na występowanie postaw roszczeniowych). Być może w pewnych kontekstach kulturowych niebezpieczeństwo to jest słabsze niż w innych. W polskim wydaje się nader poważne.

Lewicy musi zależeć na tym, aby każdy obywatel, psychicznie i fizycznie do tego zdolny, był aktywnie zaangażowany w działalność przynoszącą pożytek jemu i społeczeństwu, aby miał uzasadnione przekonanie, że dzięki własnym wysiłkom ma szanse życiowego awansu. Chodzi jednak też o to, aby miał świadomość, że w razie niepowodzenia, choroby, nieszczęśliwego wypadku czy innych złych przypadłości losu nie stoczy się na dno.

W tym zakresie stanowisko lewicowe różni się od prawicowego dwojako. Różni się ono od tej wersji prawicy, która głosi, że każdy sam jest odpowiedzialny za swój los, a w życiu spotyka go to, na co zasłużył. Różni się również i od tej wersji, która dostrzegając słabość i nieszczęście, uznaje za potrzebne udzielanie pomocy na zasadzie charytatywnej. Solidarność w rozumieniu lewicy jest poczuciem odpowiedzialności za to, aby członkowie społeczeństwa mogli stawać się aktywnymi podmiotami, zdolnymi do przyjmowania odpowiedzialności za siebie i współodpowiedzialności za innych, chyba że z racji wieku lub stanu zdrowia są do tego niezdolni[15].

---

[15] Problem powyższy ujmowany bywa w formie metaforycznego pytania: co należy ludziom ofiarowywać – rybę czy wędkę? Lewica jest za „wędką", ale także

Uznając, że nierówności ekonomiczne są obecnie nieuniknione, stanowią bowiem konieczny warunek ekonomicznej produktywności, a zarazem jej nieuchronną konsekwencję, lewica nie widzi powodu, aby akceptować stanowisko, iż uzasadniona jest skala tych nierówności i że powinny się one dalej powiększać (tak jak to się dotychczas działo w Polsce i wielu innych krajach – choćby w USA). Nie chce się zatem godzić z sytuacją, w której, mimo stałego postępu technicznego i rozwoju ekonomicznego, całe rzesze ludzi znajdują się w warunkach skrajnego ubóstwa, nie mając żadnych realnych szans rozwojowych. Nie chce też akceptować stosunków, które największe korzyści z rozwoju ekonomicznego zapewniają górnym, najsilniejszym warstwom społeczeństwa, a koszty kryzysów przerzucają na całą resztę. Jest przekonana, że dzieje się tak wskutek politycznej przewagi i egoizmu klasowego warstw uprzywilejowanych, które są w stanie narzucać reszcie społeczeństwa rozwiązania dla siebie korzystne. Uważa za konieczne prowadzenie polityki, która korygowałaby ów stan rzeczy.

Lewica nie godzi się także z sytuacją, która prowadzi do utrwalania nierówności. Jej podstawowym celem jest tworzenie warunków, które sprzyjają społecznemu awansowi zarówno międzypokoleniowemu, jak i w toku życia jednostek.

## Równość w sferze politycznej

Idea równości jest podstawą demokratycznego etosu, który dominuje w większości krajów świata; jest ona rozumiana jako równość praw i równość szans. Demokratyczny etos zakłada, że należy poszerzać zakres spraw poddawanych pod bezpośrednią kontrolę obywateli przez rozwijanie instytucji samorządowych i organizacji pozarządowych, konsultowanie obywateli i angażowanie ich do udziału w podejmowaniu ważnych decyzji przez instytucje dialogu społecznego i referendum. Zakłada także, iż państwo ma skutecznie chronić obywateli przed naruszaniem ich praw, usuwać nierówności wynikające z różnic przynależności etnicznej czy narodowej, wyznania, płci, orientacji seksualnej, światopoglądu politycznego itp.

---

za „rybą" dla tych, którzy z różnych powodów ryb łowić nie są w stanie czy jeszcze się nie nauczyli.

Wszakże w społeczeństwach, w których dominuje aprobata dla demokratycznego etosu, często jego realizacja jest ułomna, ponieważ w rzeczywistości grupy, które posiadają przewagę ekonomiczną lub kulturową, mają więcej praw i większy wpływ na życie społeczne niż inne. Wynika to przede wszystkim z występujących w społeczeństwie nierówności związanych z pozycją materialną i wykształceniem, a także ze społecznie utrwalonych przekonań o wyższości czy „lepszości" pewnych kategorii ludzi (wyodrębnianych na zasadzie płci, wieku lub przynależności etnicznej, a nawet na zasadzie przekonań politycznych). Ci, którzy posiadają wyższą pozycję, są w stanie uzyskać dużo lepsze zabezpieczenie swych praw niż społecznie i ekonomicznie słabsi.

Lewicowa krytyka demokracji zwraca uwagę na znaczną rozbieżność między teoretycznymi założeniami systemu a ich realizacją, w szczególności na to, że mechanizm demokratyczny zbyt łatwo może się stać „łupem" uprzywilejowanych warstw społeczeństwa. Wybrane w powszechnych wyborach władze znajdują się pod ich dużym wpływem. Wywołuje to wśród wielu obywateli zniechęcenie do demokracji – przekonanie, że wyniki wyborów nie mają znaczącego wpływu na politykę państwa.

Lewica stoi na stanowisku, że realnie istniejące instytucje społeczne nie gwarantują równych praw i równych szans i dlatego wymagają poprawy. Uważa za konieczne budowanie lub modyfikowanie istniejących instytucji w taki sposób, aby zapewniały one równość rzeczywistą.

Prawica, w szczególności w jej bardziej konserwatywnych odmianach, formułuje inne zarzuty wobec istniejących form demokracji. Najczęściej chodzi jej o to, że władza nie jest dość skuteczna w wypełnianiu swych funkcji ochrony interesów grup uprzywilejowanych czy realizacji celów narodowych. Dlatego może dążyć do zmian, które umacniają tę władzę kosztem praw obywateli. Prawica bywa także niezadowolona, jeżeli władza nadmiernie ingeruje w procesy społeczno-gospodarcze – w szczególności w sferze podziału. Dlatego hasło ograniczonego, ale silnego rządu jest jednym z głównych składników prawicowej ideologii.

## Dylematy podstawowych wartości – problem wolności

Zarówno prawica, jak i lewica opowiadają się za wolnością, ale odmiennie do niej podchodzą. Jest ona ujmowana różnie w różnych sferach życia społecznego. W sferze **działalności ekonomicznej** i podziału dóbr jest to opozycja między wizją **liberalną** i **socjalną**. Prawica opowiada się za wizją liberalną, lewica – socjalną. Wizja liberalna zakłada, że obywatele mają całkowitą wolność prowadzenia działalności gospodarczej, a ich sytuacja materialna jest ich własną sprawą. Państwo ma trzymać się z daleka od gospodarki i nie wtrącać się w relacje między pracodawcą a pracownikiem. I jedni, i drudzy podlegają prawom wolnego rynku. Państwo ma jedynie pilnować, aby prawa wolnego rynku nie były gwałcone, a legalnie nabyta własność – bezpieczna.

Wizja socjalna przeciwnie zakłada, że państwo ponosi poważną odpowiedzialność za gospodarowanie, troszczy się o to, aby niesprawiedliwości podziału rynkowego były odpowiednio korygowane, a obywatele mieli zagwarantowane bezpieczeństwo socjalne.

Przejawem tej sprzeczności są spory, między innymi, o wysokość podatków, bezpłatny dostęp do opieki zdrowotnej, odpłatność szkolnictwa, prywatyzację, zakres dopuszczalnych różnic ekonomicznych (np. o wysokość maksymalnych zarobków, minimalnych płac), zakres odpowiedzialności państwa za sytuację obywateli, o „deregulację", czyli likwidację instytucji kontrolujących różne aspekty gospodarki i stosunków społecznych (np. taryfy lotnicze, stosunki pracownik–pracodawca) itp.

Sprzeczność między prawicą i lewicą układa się inaczej, kiedy chodzi o **wolność jednostki**. Prawica przyjmuje tu orientację konserwatywną, która zakłada, że jednostka jest zobowiązana do podporządkowania się normom i zasadom wynikającym z przynależności do podstawowych wspólnot – rodziny, Kościoła, narodu. Troska o dobro tych wspólnot jest jednym z głównych nakazów moralnych. W ramach tych wspólnot określany jest sens pojęcia dobra, prawdy i słuszności. Ostateczne kryterium dobra moralnego stanowi właśnie dobro tych bytów społecznych: narodu, Kościoła, rodziny. Wychodząc z tych założeń, prawica nakłada różne ograniczenia na wolność jednostki.

Lewica formułuje przeciwne stanowisko, uznając autonomię jednostki, a więc przyjmuje tu orientację liberalną. Według tego ujęcia jednostka ma prawo do kierowania się własnym poglądem na to, co dobre, prawdziwe i słuszne, do krytycznego odnoszenia się wobec wymagań i norm podstawowych wspólnot. Także do uczestnictwa w ustanawianiu zasad, według których ma przebiegać życie wspólnoty. Nie musi podporządkowywać się tradycyjnym normom, które zostały jej narzucone przez instytucje wspólnotowe, gdyż jej odpowiedzialność moralna do tych wspólnot się nie ogranicza. Jest to odpowiedzialność wobec społeczeństwa jako całości, czy szerzej, odpowiedzialność wobec rodzaju ludzkiego.

Konkretnym przedmiotem sporu między tymi orientacjami są takie kwestie jak pozycja kobiet w rodzinie i w społeczeństwie, prawa mniejszości, miejsce religii w państwie, prawo do aborcji, zaufanie do postępu nauki, zakres ograniczeń eksperymentów naukowych (w biologii i medycynie), tolerancja wobec inności, interpretacja zasad moralnych i in.

Sprzeczność między lewicą i prawicą dotyczy także sposobu ujmowania **wolności obywatelskich**. Wolności obywatelskie są w zasadzie cenione przez wszystkich, ale w różnym stopniu, a ponadto występują poważne różnice co do tego, jakie ograniczenia tych wolności mogą być akceptowane.

W tym zakresie lewica przyjmuje orientację liberalną, która opiera się na założeniu, że przestrzeganie praw obywatelskich i zachowanie demokratycznego charakteru władzy to sprawa w życiu społecznym fundamentalna. Natomiast dla prawicy najważniejsze jest zachowanie porządku i bezpieczeństwa w państwie, dlatego jest gotowa godzić się z rozmaitymi ograniczeniami wolności obywatelskich i demokracji.

Spór między prawicą a lewicą o ujmowanie wolności jest wyrazem przedstawianej wyżej fundamentalnej sprzeczności między tymi, którzy zajmują w społeczeństwie pozycje uprzywilejowane, a tymi, którzy znajdują się w sytuacji większego lub mniejszego upośledzenia. Ci pierwsi opowiadają się za wolnością w sferze gospodarczej, umożliwia ona bowiem utrzymanie i umocnienie ich przewagi, ale są za ograniczeniami wolności w innych sferach. Ci drudzy przeciwnie, są za powiększaniem wolności dotyczących praw jednostki i praw obywatelskich, a za pewnymi ograniczeniami w sferze gospodarczej, ponieważ nieograniczona wolność w sferze gospodarczej zagraża interesom słabszych grup społecznych.

I prawica, i lewica są zatem w jakichś zakresach liberalne, ale każda w innym. I jedni, i drudzy mówią o wolności i chcą wolności bronić, ale każda chce bronić czego innego. Dlatego część prawicy akceptowała lub tolerowała politykę, jaką prowadził Pinochet, a reformę opieki zdrowotnej podejmowaną przez Obamę traktuje jako zagrożenie podstawowych wolności i porównuje z komunizmem.

## Sposób rozumienia życia społecznego

Ideologie prawicowa i lewicowa różnią się zasadniczo, jeżeli idzie o wyjaśnianie przyczyn zła na świecie i sposobów jego zwalczania. Ta pierwsza upatruje go przede wszystkim w ułomnej naturze człowieka, w jego lenistwie, nieuczciwości, roszczeniowej postawie wobec życia, lekceważeniu podstawowych praw moralnych. Dlatego nierówności między ludźmi nigdy nie da się usunąć, a usiłowania ich redukcji przez opiekuńczą politykę państwa prowadzą do jeszcze większej demoralizacji, a przy tym niszczą podstawy rozwoju ekonomicznego, zabijają bowiem aspiracje do awansu. W wersji skrajnej ideologia ta przychyla się do zasad społecznego darwinizmu, a więc do przekonania, że życie jest bezwzględną walką, w której zwyciężają najlepiej przystosowani. Wersja umiarkowana nie wyklucza współczucia dla przegranych i upośledzonych, a więc różnych form dobroczynności i wsparcia. Ta wersja jest na ogół silnie propagowana przez Kościoły.

Ideologia lewicowa upatruje istotnych źródeł zła w wadliwej konstrukcji społecznych urządzeń, które tak są zbudowane, iż jednym ułatwiają awans, a innych pozbawiają wszelkich szans. Uznaje ona także, że wielu ludziom brakuje zasobów (materialnych i psychologicznych), aby bez pomocy z zewnątrz mogli poradzić sobie z przeciwieństwami, jakie ich w życiu spotykają. W wersji skrajnej ideologia ta opowiada się za wizją państwa opiekuńczego, które przejmuje na siebie całą odpowiedzialność za los wszystkich obywateli, a przede wszystkim za los upośledzonych – zakłada, że państwo powinno dążyć do jak największego ograniczania rozpiętości ekonomicznych w kraju. W wersji umiarkowanej uznaje się, że na obywatelach ciąży znaczny stopień odpowiedzialności za ich własny los, a zadaniem państwa jest tworzenie warunków umożliwiających jak najszerszym rzeszom członków społeczeństwa produktywne uczestnictwo w życiu społecznym.

Różnice między lewicą a prawicą w sposobie rozumienia życia społecznego i podstawowych wartości pociągają za sobą istotne różnice ujmowania problemów życia społeczno-gospodarczego i życia politycznego. Podejście lewicowe zakłada odmienną od prawicowego ocenę wad kapitalizmu demokratycznego. Krytykuje neoliberalne podejście do polityki społeczno-gospodarczej i krytycznie ocenia jakość demokracji w tej formie, jaka jest u nas praktykowana.

## Konflikt ideologiczny między lewicą a prawicą

Ideologie lewicowa i prawicowa prowadzą do przeciwstawnych projektów kształtowania ładu społecznego. Jest to źródłem konfliktów dwojakiego rodzaju: konfliktu ideologicznego, ponieważ te projekty opierają się na różnych wartościach, i konfliktu interesów, ponieważ za tymi projektami stoją interesy różnych grup.

Oba rodzaje konfliktów są ze sobą ściśle związane, ponieważ ideologie, za którymi ludzie się opowiadają, mają na ogół (choć nie zawsze) odniesienie do ich interesów, a poza tym interesy osobiste czy grupowe są często ukrywane pod maską ideologii. Na scenie politycznej jest niemało postaci czy ugrupowań, które walcząc o władzę i o korzyści materialne, przedstawiają siebie jako bojowników szlachetnej sprawy – jako obrońców pewnych fundamentalnych wartości.

Wszakże mimo tych powiązań spór ideologiczny i spór o stanowiska czy przywileje dla poszczególnych grup różnią się od siebie pod bardzo istotnymi względami. O ile w czystym konflikcie interesów myślenie ludzi skupia się na sprawie strat i zysków, o tyle w konflikcie ideologicznym zaangażowane są uczucia moralne, a kwestie sprawiedliwości, wolności, honoru, świętych wartości wysuwają się na pierwszy plan. Interes rzadko kiedy skłania człowieka do bezmyślnego okrucieństwa, do walki na śmierć i życie, do bezkompromisowego rozprawiania się z przeciwnikami, natomiast różnice ideologiczne – bardzo często. Można powiedzieć, że konflikt interesów jest w zasadzie, na ogół, mniej groźny niż ten, w który zaangażowane są pasje ideologiczne czy moralne.

Konflikt między prawicą a lewicą może przybierać cechy groźnego starcia ideologicznego. Skoro ludzie mają całkowicie odmienne wyobrażenie o tym, jak świat społeczny powinien być zorganizowany, a wyobrażeniom tym towarzyszy mocne przekonanie o ich moralnej słuszności i o świętości zasad, na których się opierają, to trudno się dziwić, że poglądy przeciwne mogą budzić oburzenie, wstręt i grozę. „Innowiercy", czyli ci, którzy swoimi poglądami, postawami, swoją „wiarą" kwestionują prawomocność naszej „wiary", zasługują w naszych oczach na potępienie, na usunięcie poza nawias społeczeństwa. Wszakże nie jest to sytuacja nieuchronna. Występuje głównie wtedy, gdy ludzie nie są w stanie dostrzegać i rozumieć innych punktów widzenia niż własne i gdy własne traktują w sposób absolutny. Następuje wtedy „zamknięcie umysłu". Konflikty ideologiczne mogą jednak mieć inny przebieg, jeśli są ujmowane jako wyzwanie do poszukiwania rozwiązań autentycznych społecznych dylematów dotyczących ładu ekonomicznego, ładu politycznego oraz stosunku do tradycyjnych wartości.

## Ład ekonomiczny: wolność ekonomiczna i sprawiedliwość społeczna

Orientacja prawicowa opiera swoją koncepcję ładu ekonomicznego na „świętych" zasadach wolności i własności, lewicowa – na zasadzie sprawiedliwości społecznej. Według koncepcji prawicowej jednostka ma niezbywalne prawo do ochrony swej własności – nikomu nie wolno tego prawa naruszać – każda taka próba to grabież. Nikt też nie może ograniczać swobody działalności gospodarczej – byłby to zamach na świętą zasadę wolności.

Orientacja lewicowa wychodzi z założenia, że jednostka ma niezbywalne prawo do godziwych warunków życia, a społeczeństwo powinno być tak organizowane, aby te godziwe warunki zapewniać. Za nieakceptowaną uznaje ona sytuację, która doprowadza do tego, że wąskie elity uzyskują kontrolę nad olbrzymimi zasobami, opływając w bogactwo, podczas gdy wielkie rzesze ludzi pozbawione są środków do życia. Uważa, że mechanizm, który doprowadza do takiego podziału dóbr wytwarzanych przez społeczeństwo, jest z istoty swej wadliwy. Stoi na stanowisku, że państwo ma prawo i obowiązek ingerowania w działalność ekonomiczną i zasady podziału dóbr po to, aby zapewniać realizację zasad społecznej sprawiedliwości.

Na pierwszy rzut oka te dwie orientacje są całkowicie przeciwstawne: realizacja zasady sprawiedliwości społecznej musi wiązać się z mniejszymi lub większymi ograniczeniami praw własności i prawa do swobodnego dysponowania majątkiem, który jednostka osiągnęła w wyniku uczestnictwa w grze rynkowej lub też w inny sposób (np. przez dziedziczenie). Praktyka społeczna wskazuje natomiast, że zbyt głęboka ingerencja w prawo własności jest dla społeczeństwa niebezpieczna. Co więcej, zachowanie obszarów wolności ekonomicznej i gwarancja praw własności przyczynia się do wzrostu ogólnej produktywności. Ten wzrost jest koniecznym warunkiem polepszania warunków życia szerszych rzesz społeczeństwa.

Z kolei realizacja zasad sprawiedliwości społecznej ważna jest nie tylko dla tych, którzy w społeczeństwie kapitalistycznym czują się upośledzeni. Mogą ją popierać także ci, którym zależy na zachowaniu niezbędnego poziomu społecznej harmonii, rozumieją bowiem, że napięcia społeczne są zagrożeniem i wolności (ekonomicznej), i własności.

Akceptacja polityki, która łączy zasady wolnego rynku i troskę o społeczną sprawiedliwość (a kraje skandynawskie są przykładem na to, że taka polityka jest możliwa), nie wyklucza jednakże sporu o to, jak te dwie zasady mają być realizowane. Dla lewicy jest sprawą bardzo ważną, aby właściwe dla gospodarki rynkowej kryterium zysku miało ograniczone zastosowanie w sferach dotyczących podstawowych potrzeb społecznych takich jak opieka zdrowotna, edukacja czy kultura, aby w konflikcie wokół zwrotu majątków potomkom byłych właścicieli interesy instytucji publicznych miały większą wagę niż interesy dziedziców tych majątków, aby w wyborze strategii gospodarczych ważne kryterium stanowiły społeczne konsekwencje tych strategii. Nie może zaakceptować takiego wariantu modernizacji polskiej wsi (sugerowanego w niektórych dyskusjach), który pociągałby za sobą szybką pauperyzację mniejszych gospodarstw[16].

Analiza powyższa prowadzi do wniosku, że mimo sprzeczności między lewicową i prawicową wizją polityki społeczno-gospodarczej można wskazać obszary, co do których istnieje możliwość porozumienia.

---

[16] Źle się stało, że w swoim czasie lewica nie umiała bardziej stanowczo przeciwstawić się masowej pauperyzacji pracowników PGR.

## Stosunek do tradycyjnych wartości

Orientacja prawicowa opiera swoje wyobrażenie o pożądanych formach ładu społecznego na przekonaniu o podstawowym znaczeniu tradycyjnych grup odniesienia i tradycyjnych więzi takich jak rodzina, naród, religia. Traktuje więzi rodzinne, więzi religijne, więzi narodowe (czy etniczne) jako ramy społecznej odpowiedzialności i zasady podziału na swoich i obcych. Dlatego partie reprezentujące te orientacje walczą o panowanie „wartości chrześcijańskich", o politykę „prorodzinną", o dominację interesu narodowego, opowiadają się za ścisłym przestrzeganiem tradycyjnych norm. Orientacja lewicowa uważa za słuszne wyzwolenie człowieka od krępującego gorsetu tradycji, nieracjonalnych obyczajów, narzuconych zobowiązań – postuluje poszerzenie obszaru wolności jednostki, jej samostanowienie w granicach moralności ujmowanej jako system uniwersalnych zasad. Opowiada się za solidarnością, współpracą i uznaniem równych praw ludzi niezależnie od ich przynależności – narodowej, religijnej czy innej.

Każda z tych dwóch orientacji, kiedy przybiera formy bardziej radykalne, może się stać dla życia społecznego niebezpieczna. Radykalne formacje prawicowe są rzecznikami dominacji własnych grup narodowych i religijnych, dyskryminują mniejszości etniczne, religijne, obyczajowe, przyjmują postawy wojownicze. Wykazują skłonność dochodzenia swoich celów przy użyciu różnych form przemocy – politycznej lub fizycznej.

Radykalne formacje lewicowe, głosząc idee „pełnego wyzwolenia jednostki" od tradycyjnych więzi i od tradycyjnych zasad, mogą prowadzić do powstawania u ludzi poczucia zagubienia i anomii. Człowiek, który wyzbywa się poczucia więzi ze swymi podstawowymi grupami odniesienia, zatraca poczucie oparcia – nie mając silnych związków z rodziną czy z inną bliską sobie zbiorowością, odrzucając tradycje, zaczyna odczuwać pustkę i lęk. Więzi takich nie zastąpi solidarność ogólnoludzka. Ludzkość jest zbyt dużą całością, aby identyfikacja z nią dawała zwykłym ludziom poczucie oparcia i sensu.

Lewica nie ma żadnego powodu, aby kwestionować wagę tradycyjnych więzi i tradycyjnych grup odniesienia. Przeciwnie, zdaje sobie sprawę z tego, że rodzina, a także mała ojczyzna, kraj lub inne ważne dla ludzi społeczności, w tym także wspólnoty religijne, stanowią podstawę, na której budowane jest życie współczesnych społeczeństw, nadają mu sens. Wszakże więzi te interpretuje inaczej niż prawica. Ta ostatnia ujmuje je wykluczająco, zakładając ostre granice między „swoimi" a „obcymi". Świat społeczny, a szczególnie świat stosunków między narodami, państwami, grupami etnicznymi, postrzega w kategoriach walki narodowych (czy innych) egoizmów. W walce tej chodzi zarówno o materialne interesy, jak i o zdobycie przewagi – politycznej, moralnej, symbolicznej. Szczególnie wyraźnie ta postawa przejawia się w stosunkach między krajami czy narodami. Dla prawicy identyfikacja z własnym narodem określana jako patriotyzm jest jedną z centralnych wartości (oprócz identyfikacji z rodziną i wspólnotą religijną). Patriotyzm ten ma się przejawiać w takich postawach jak niezłomność w walce o dobro narodu, bezwzględne dochodzenie jego praw i jego interesów, bezkompromisowość i nieustępliwość. Bardzo ważna jest też symboliczna strona patriotyzmu – chodzi zarówno o gesty i słowa, jak i czyny, które mają zademonstrować sobie i światu bezgraniczne oddanie sprawie narodowej, gotowość do najwyższych ofiar. Ten, kto myśli i reaguje inaczej, może narazić się na zarzut braku patriotyzmu czy wręcz zdrady narodowych interesów.

Lewica uznaje patriotyzm za bardzo ważną wartość. Troskę o dobro kraju i gotowość do poświęcenia na jego rzecz traktuje jako jedną z głównych cnót obywatelskich, ale troski tej nie utożsamia z narodowym egoizmem. Taką postawę uważa za moralnie niesłuszną i dla życia społecznego szkodliwą. W rzeczy samej szkodliwą także dla narodowych interesów, przyczynia się ona bowiem do opierania stosunków między narodami głównie na płaszczyźnie rywalizacji i walki. Kanonem lewicowej polityki jest dążenie do porozumień i współpracy. Wymaga to umiejętności harmonizowania interesów, zawierania porozumień i kompromisów, a także zdolności do rozumienia drugiej strony.

Taka postawa sprawdza się na forum Europy. Choć rywalizacja między krajami na tym forum nie zanikła, za to bardzo rozbudowane zostały mechanizmy polityczne, które mają zapewnić kooperację i rozwiązywanie różnic w trybie konsensusu. Realizowana w Unii Europejskiej polityka spójności jest dowodem na to, że polityka międzynarodowa nie może być sprowadzana do rywalizacji narodowych egoizmów.

Dla lewicy patriotyzm w prawicowym wydaniu ma wiele elementów buńczuczności. Cechuje go brak szacunku dla politycznych realiów, podejrzliwość wobec partnerów politycznych i niezdolność do rozumienia ich racji. W pewnych sytuacjach historycznych może być to postawa bardzo dla interesów narodowych szkodliwa. Różnice w prawicowym i lewicowym podejściu do patriotyzmu wyrażają się też w stosunku do tradycji i do historii. Prawica uwrażliwiona jest na martyrologiczny wymiar historycznego doświadczenia. Odnosi się do tego doświadczenia z patosem. Lewica poszukuje w doświadczeniu historycznym takich momentów, które dowodzą zdolności do konstruktywnego i skutecznego rozwiązywania problemów, jakie stawały przed narodem. Nie cofa się przed krytyczną analizą doświadczeń, które doprowadzały do narodowych klęsk.

## Równość i hierarchia

Prawicowa wizja pożądanych form ładu społecznego uznaje porządek hierarchiczny za właściwą formę relacji między ludźmi. Stanowisko lewicowe opowiada się za równościowym układem tych stosunków.

Lewicowa ideologia wyraża odwieczne tęsknoty człowieka do takiego świata, w którym nie ma lepszych i gorszych, niższych i wyższych, przeznaczonych do rządzenia i przeznaczonych do słuchania. Z kolei ideologia prawicowa wyraża ciągle żywe pragnienia ludzi do posiadania oparcia, które może zapewniać spolegliwy autorytet, tęsknotę do ładu i porządku opartego na dyscyplinie i przestrzeganiu norm, do przywódcy, który wie, co robić i jak postępować w trudnych sytuacjach.

Te dwie zasady organizowania ładu społecznego wzajemnie się wykluczają – albo ludzie odnoszą się do siebie jako równi, albo uznają, że jedni są wyżsi, a drudzy niżsi. W tym pierwszym przypadku uznają demokrację za pożądaną formę porządku politycznego, w drugim – bliska im będzie jakaś forma autorytaryzmu. Jak pokazuje doświadczenie, bardziej radykalne formacje prawicowe skłaniają się w tym kierunku. Idea władzy autorytarnej nie jest jedynie reliktem czasów minionych[17].

Wszakże i w tym, jak w poprzednich przypadkach okazuje się, że dwie najwyraźniej przeciwstawne zasady mogą ze sobą współistnieć.

---

[17] Jedna z gazet zacytowała niedawno fragment posłowia do polskiego wydania książki Le Pena, w której stwierdzono m.in.: „Demokracja jest najgorszą i najcięższą z okupacji, z której najtrudniej będzie się Polsce i światu wyzwolić".

W społeczeństwach zakładających równościowe zasady organizowania stosunków międzyludzkich istnieją takie instytucje, w których obowiązują zasady ścisłego hierarchicznego podporządkowania – biurokracja, armia, Kościół katolicki to przykłady hierarchicznych organizacji egzystujących z powodzeniem w demokratycznych społeczeństwach.

Społeczeństwo demokratyczne, wybierając swoich przywódców, obdarza ich przywilejem sprawowania władzy, dając im ten mandat na określony czas. W ramach tego mandatu dopuszcza się istnienie nierówności, przekazując wybranym obywatelom (choć z zasady równym wszystkim pozostałym) więcej uprawnień i więcej możliwości, niż ma ich reszta. Można powiedzieć, że instytucje polityczne nowoczesnych społeczeństw starają się uwzględniać zarówno zasadę autorytetu, jak i zasadę równości.

Również w tym wypadku utrzymują się różnice między prawicą a lewicą. Lewica dąży do demokratyzowania hierarchicznych instytucji w taki sposób, aby zwiększać zakres praw ich członków bez szkody dla ich sprawności. W rzeczy samej w wielu hierarchicznych instytucjach taki proces rzeczywiście zachodzi. W porównaniu z niezbyt odległą przeszłością zarówno wojsko, jak i biurokracja ulegają demokratyzacji, a prawa członków tych instytucji wzrastają. Podobne procesy można obserwować w Kościele katolickim.

Tego rodzaju różnice między lewicą i prawicą dotyczą także szkoły i wychowania. Lewica opowiada się za rozwojem autonomii uczniów i demokratyzacją stosunków w szkołach i uczelniach. Dla prawicy ważne jest zwiększanie porządku, dyscypliny i kontroli. Dążenia te są zasadniczo przeciwstawne wtedy, gdy ujmowane są w sposób radykalny, rozwój demokratycznych stosunków w instytucjach edukacyjnych bowiem nie powinien prowadzić do sytuacji, w których instytucjom tym mogłoby grozić rozprzężenie.

Dla lewicy szczególne znaczenie mają stosunki pracy. Choć hierarchiczne podporządkowanie pracowników wobec ich przełożonych jest ważnym warunkiem efektywnego funkcjonowania organizacji gospodarczych, to równocześnie za konieczne uznaje ona tworzenie efektywnego systemu gwarancji praw pracowniczych, w tym prawa do szacunku, a także prawa do współuczestnictwa w ważnych dla pracowników decyzjach[18].

---

[18] Idea samorządu pracowniczego, wysuwana swego czasu przez Solidarność, została porzucona, kiedy ruch ten zdobył w Polsce władzę. Idea ta znajduje zastosowania w różnych krajach, szczególnie w Niemczech.

Prawica jest temu przeciwna. Kładzie nacisk na kwestie dyscypliny i autorytetu. Skłonna jest dopatrywać się w procesach demokratyzacyjnych zagrożenia anarchią i chaosem.

## Zasada tolerancji

Przeciwieństwo między lewicą i prawicą wyraża się w różnym podejściu do podstawowych problemów społecznych. Problemy te, niemal z reguły, mają charakter dylematów. Rozwiązywanie takich dylematów wymaga liczenia się nie tylko z własnym stanowiskiem, lecz także rozważenia racji przeciwnych.

Partie, ugrupowania czy organizacje, podobnie jak poszczególne jednostki, różnią się tym, jak odnoszą się do własnej ideologii i ideologii odmiennych. Czy trzymają się zasady „jedynej prawdy", zwalczając bez pardonu to wszystko, co z ową prawdą jest niezgodne, czy też zachowują pewien stopień otwartości na inne punkty widzenia.

Zachowanie otwartości na odmienne punkty widzenia jest często utożsamiane z wyrzekaniem się własnej prawdy, w szczególności przez tych, którzy własną prawdę rozumieją w sposób absolutny. Jednakże broniąc własnej prawdy, można zachować szacunek dla osób mających odmienne zdania, można więc zachować postawę tolerancji.

Zasada tolerancji jest jednym z fundamentów współczesnych demokratycznych społeczeństw. Jest ona zgodna z podstawowymi wartościami lewicy, chociaż ma granice, nie można bowiem mówić o tolerancji wtedy, gdy zagrożone są podstawowe ludzkie wartości.

## 7. Sytuacja i perspektywy polskiej lewicy

### Słabość i siła lewicy w Polsce

Sytuacja polskiej lewicy powszechnie oceniana jest jako zła. Scena polityczna w Polsce została zdominowana przez dwie partie prawicowe i nic nie wskazuje na to, aby stan ten miał się zmienić w niedługim czasie – w każdym razie zmienić znacząco. Również i w dyskursie publicznym perspektywa prawicowa ma wyraźną przewagę, choć tu stanowisko lewicowe, a głównie centrolewicowe, przebija się nieraz do mediów głównego nurtu. Obywatele proszeni o umieszczenie samych siebie na osi lewica–prawica lokują się na ogół bliżej centrum z wyraźną przewagą tych, którzy wybierają prawą stronę tego spektrum. Można dodać, że w bieżącej dekadzie częstość samoidentyfikacji w kategorii „lewica" spadała, a w kategorii „prawica" – wzrastała.

Czy na tej podstawie można stwierdzić, że w społeczeństwie polskim tendencje lewicowe są dużo słabsze niż prawicowe? Odpowiedź jest bardziej złożona.

Przede wszystkim należy zauważyć, że w Polsce są liczne grupy, które ze względu na swoją sytuację życiową muszą być zainteresowane lewicową polityką społeczną. Według danych CBOS z roku 2009 ponad 30% obywateli opisuje swoje warunki życia jako skromne, w tym 6% uznaje, że żyje bardo biednie. Według statystyk Eurostatu do kategorii „żyje w ubóstwie" zalicza się 8% polskich obywateli, a według statystyk OECD – 9,3%[19].

Bardzo liczne grupy Polaków opowiadają się za lewicową polityką społeczną. Badania CBOS z różnych lat wskazują, że zdecydowane poparcie dla zmniejszania różnic ekonomicznych (dla porządku egalitarnego) wyraża ok. 60% respondentów. Większość popiera także opinię, że „do obowiązków rządu należy zmniejszenie różnic pomiędzy wysokimi a niskimi dochodami" (73–86%) oraz „zapewnienie każdemu podstawowego minimum dochodów" (84–90%). Można powiedzieć, że w polskim społeczeństwie socjalna wizja państwa jest preferowana. Równocześnie w 2009 r. 48% wyrażało zadowolenie z funkcjonowania gospodarki rynkowej w Polsce (ponad dwa razy więcej niż w roku 2000), a 59% zgodziło się ze stwierdzeniem, że gospodarka kapitalistyczna oparta na prywatnej przedsiębiorczości jest najlepszym systemem gospodarczym dla naszego kraju.

W Polsce działa wiele różnych grup i organizacji, które zajmują się sprawami dla etosu lewicowego bardzo bliskimi – bronią grup upośledzonych, walczą przeciw dyskryminacji, tworzą lub popierają projekty, które mają poszerzać obszary wolności i ograniczać ingerencje państwa lub Kościoła w sferę życia osobistego i osobistych wyborów. Nurt świecki i liberalny w kwestiach światopoglądowych jest w naszym kraju bardzo znaczący. Choć w badaniach socjologicznych (CBOS 2009) ok. 80% osób opisuje się jako wie-

---

[19] W zależności od przyjętych kryteriów wskaźniki ubóstwa dla danego kraju mogą się różnić.

rzące, ale w ciągu ostatnich 20 lat wyraźnie maleje liczba osób deklarujących regularne uczestnictwo w praktykach religijnych (z ok. 75% w roku 1992 do ok. 55% w roku 2009). Trend ten jest wyraźniejszy w młodszym pokoleniu.

Wszystko to wskazuje, że wyobrażenia na temat pożądanych form ładu społeczno-ekonomicznego dużej części obywateli naszego kraju są bliskie stanowisku lewicy, choć równocześnie są także liczne grupy o nastawieniu konserwatywnym w sferze obyczajowej i światopoglądowej.

Dodać trzeba, że od pewnego czasu narasta publiczna krytyka lansowanych przez prawicę stosunków gospodarczych opartych na zasadach neoliberalnych. Znaczy to, że nadwątlone zostają bardzo ważne dogmaty, na których opierał się program transformacji w Polsce (i w innych krajach regionu).

Opisywany tu stan świadomości społecznej wskazuje, że w **Polsce istnieje potencjalnie silne zaplecze dla formacji lewicowej. Ten stan rzeczy nie ma jednak politycznego przełożenia, nie prowadzi do uformowania silnego, wpływowego lewicowego ugrupowania.**

## Podstawowe powody politycznej słabości lewicy

Polityczna słabość lewicy uwarunkowana jest różnymi czynnikami.

### Różnice interesów i różnice światopoglądowe

Pierwszy z owych czynników stanowi fakt, że **między potencjalnymi zwolennikami lewicy występują istotne różnice interesów i różnice moralno-światopoglądowe.** Różnice te przybierają niekiedy kształt poważnych sprzeczności, tak np. występują poważne sprzeczności interesów dotyczące wczesnych emerytur oraz praw, przywilejów czy też aspiracji różnych grup społecznych (m.in. górników, stoczniowców, nauczycieli, policjantów, pielęgniarek, lekarzy, pracowników supermarketów itd.).

Różnice dotyczą także wyobrażeń o priorytetach. Poszczególne organizacje walczące o prawa różnych grup mają rozbieżne wyobrażenia o tym, które z tych praw powinny skupiać społeczną uwagę przede wszystkim: prawa kobiet? Gejów i lesbijek? Mniejszości narodowych? Dzieci? Związków zawodowych? Oczywiście można powiedzieć, że wszystkie te prawa powinny być uwzględniane i o wszystkie należy wspólnie walczyć, ale w praktyce politycznej istnieje zawsze konieczność dokonywania jakichś wyborów i wtedy powstają rozbieżności.

Szczególnie poważne rozbieżności wynikają z odmienności przekonań światopoglądowych i etycznych. Wśród potencjalnych zwolenników lewicy panują bardzo poważne sprzeczności dotyczące takich kwestii jak prawa mniejszości, prawa kobiet, kwestia aborcji, uprawnienia Kościoła katolickiego, polityka wobec imigrantów, sposoby walki z przestępczością i wiele innych. W kwestiach tych stanowisko lewicowe często spotyka się z niezrozumieniem, z krytyką i odrzuceniem właśnie w tych grupach, które interesy ekonomiczne mogłyby zbliżać do lewicy.

W środowiskach potencjalnie lewicowych nie ma też zgody co do roli państwa. Dla jednych najważniejsze jest utrzymanie i rozbudowywanie jego opiekuńczych funkcji. W opinii innych głównym jego zadaniem jest troska o postęp i rozwój gospodarczy i społeczny oraz o to, aby owoce rozwoju były sprawiedliwie dzielone.

Warto uświadomić sobie, że znaczenie opisanych tu różnic i sprzeczności jest obecnie dużo większe niż dawniej. Kilkadziesiąt lat temu w społeczeństwie wyodrębniały się duże grupy społeczne o wspólnych interesach, o podobnej sytuacji życiowej i doświadczeniu, a więc i o podobnej mentalności. Choć i wtedy różnic nie brakowało, ale fakt owego podstawowego podobieństwa ułatwiał tworzenie programów, które mogły trafić do wielkich rzesz. Teraz jest to o wiele trudniejsze, gdyż społeczeństwo stało się bardzo zróżnicowane.

## Postawy społeczne

Drugim ważnym czynnikiem słabości lewicy jest **zmiana warunków społecznych** wywołanych przez transformację. Wolny rynek w tej formie, w jakiej się u nas pojawił, stworzył dla pewnej części obywateli – części najbardziej przedsiębiorczej, energicznej, aktywnej – szerokie pole społecznego awansu. Intensywnie propagowane zachodnie wzory konsumpcji i neoliberalne zasady w gospodarce przyczyniły się do ukształtowania na masową skalę postaw indywidualistyczno-konsumpcyjnych, uformowały ludzi, których główne ambicje życiowe skupiają się na ich biznesowych interesach, na zawodowej karierze, na pomnażaniu dóbr. Lewicowe idee społecznej solidarności stały się dla wielu z nich anachronizmem. Jeżeli już angażują się w jakiś sposób w politykę, to najbardziej skłonni będą do poparcia takiej formacji politycznej, która wydaje się nastawiona promodernizacyjnie, prorynkowo, prorozwojowo. Tak spostrzegana jest Platforma Obywatelska, która mimo wszystkich swych słabości reprezentuje orientację na umacnianie kapitalistycznych stosunków i chroni pewne obszary wolności, blokując drogę tym siłom, które owe obszary mogłyby ograniczyć.

Oprócz owej licznej grupy beneficjentów wolnego rynku jest też bardzo liczna kategoria ludzi, których sytuacja życiowa polepszyła się w niewielkim stopniu albo nawet pogorszyła. A przynajmniej tak o niej myślą, ponieważ odczuwają jako stratę to, że nie zyskali tyle co inni. Jest to grupa, która uważa się za pokrzywdzoną przez transformację. Znaczna jej część jest rzeczywiście pokrzywdzona.

Wielu pokrzywdzonych trzyma się z dala od polityki, skupiając na swoich codziennych sprawach. Są jednak i tacy, którzy ostro odczuwają niesprawiedliwość panujących stosunków i skłonni są do poparcia partii te stosunki w sposób radykalny kontestującej. Dla nich atrakcyjny wydaje się PiS, którego polityka zwalczania elit (w tym przez lustrację) stwarza nadzieję otwarcia nowych dróg awansu. Dane wskazują, że część obecnego elektoratu PiS to dawny elektorat SLD. Ludzie ci zrazili się do SLD, ponieważ polityka tej partii w ich sytuacji niczego istotnego nie zmieniała[20].

## Negatywne skojarzenia z lewicą

Trzecim ważnym czynnikiem słabości lewicy jest fakt, że **partia lewicowa wielu ludziom kojarzy się negatywnie**. Złożyły się na to różne powody. Jedni, negatywnie ustosunkowani do PRL, traktują największą partię lewicową – SLD – jako kontynuatora „komunistycznego dziedzictwa". Taki sposób myślenia o tej partii jest inten-

---

[20] Program PiS wydawał się atrakcyjny z innego jeszcze względu. Głosił on idee naprawy państwa, krytykując niską jakość rządzenia w naszym kraju, nieefektywność służb publicznych, niewydolność aparatu ścigania i wymiaru sprawiedliwości, nieudolność biurokracji. Wielu ludzi spodziewało się, iż program Jarosława Kaczyńskiego jest szansą naprawy tej sytuacji, skoro rządy lewicy jakości rządzenia poprawić nie potrafiły. Okazało się, że główny wysiłek jego ekipy skupił się na budowaniu podstaw własnej dominacji politycznej i zwalczaniu wrogów.

sywnie podtrzymywany i propagowany przez prawicowe i centroprawicowe media. Negatywne skojarzenia z SLD mają także i inne
powody, z których główny to wyobrażenie, że w trakcie rządów tej
ekipy stosunki między władzą polityczną a różnymi grupami interesu bardzo się zacieśniły, przyczyniając się do wzmocnienia tego, co
zaczęto nazywać politycznym kapitalizmem. Do rozpowszechnienia
takiego wyobrażenia przyczyniły się błędy ostatniego lewicowego
rządu i kierownictwa tej partii. Nie umiały one skutecznie zwalczać
przejawów demoralizacji we własnych szeregach ani też efektywnie
przeciwstawić się czarnej propagandzie swych przeciwników, która
wyolbrzymiała te przejawy. W szerokiej opinii SLD został uznany
za jednego z głównych współwinowajców rozpowszechniania się
zjawisk korupcyjnych.

Do partii lewicowej zniechęciło się też wielu jej zwolenników,
ponieważ jej polityka, kiedy partia ta była przy władzy w latach
2001–2005, okazała się, pod wieloma względami, sprzeczna z ocze-
kiwaniami lewicowego elektoratu – w różny sposób działała wbrew
doraźnym interesom słabszych grup społecznych, godziła się na nie-
akceptowane kompromisy w sferze ideowej, kontynuowała neoliberalną politykę gospodarczą swych poprzedników. Choć wielką zasługą tych rządów było wprowadzenie Polski do Unii Europejskiej,
osiągnięcie to nie jest doceniane. Zostało to uznane za fakt poniekąd
naturalny, który i tak musiał się zdarzyć.

## Sytuacja partii lewicowych

Odbudowa lewicy po tych klęskach okazała się trudna. Jak zwy-
kle w takiej sytuacji dochodzi do wielu wewnętrznych konfliktów
i do rozbicia solidarnej dotychczas drużyny, a także do utraty mo-
rale. Środowiska lewicowe uległy rozproszeniu, wielu aktywnych
dawniej ludzi odsunęło się od polityki i zajęło swoimi sprawami
– organizacyjne oraz intelektualne zaplecze tej partii stopniało.
Wprawdzie działają różne grupy i ośrodki lewicowego myślenia,
ale od SLD i od innych partii lewicowych na ogół trzymają się
z daleka.

Kierownictwo największej lewicowej partii znajduje się w trudnej sytuacji. Powinno radzić sobie z rozbiciem lewicy, ale okazuje
się, że poważną przeszkodą na tej drodze są konsekwencje konfliktów, jakie w tym środowisku się rozwinęły; konflikty te pozostawi-

ły wiele urazów i wzajemnych uprzedzeń. SLD i inne ugrupowania chcą odbudowywać etos lewicy i lewicową politykę, ale wcale nie jest im łatwo wskazać, jaka ta polityka ma być. Projekty polityczne aprobowane przez jedną część potencjalnego elektoratu lewicy są kontestowane przez inną jego część.

Wielkim problemem dla kierownictwa SLD musi być szczególny charakter jego położenia politycznego jako partii opozycyjnej – fakt, że znajduje się ona wobec partii rządzącej w tej samej sytuacji co druga partia opozycyjna – PiS. Logika opozycyjności prowadzi do niebezpiecznych zbliżeń między nimi, choć każda z nich ma wszelkie powody do tego, by traktować drugą jako swego zaciętego wroga. Takie zbliżenia są dla SLD ogromnie niebezpieczne i przyczyniają się do dalszego osłabiania jego autorytetu w wielu kręgach społecznych, w szczególności zaś wśród elit nastawionych liberalnie i prorozwojowo. Bardzo trudną sztuką jest wypracowanie polityki sprzeciwu wobec różnych nieakceptowanych projektów rządu – polityki, która stanowiłaby jasną wobec tych projektów alternatywę, a zarazem nie była wsparciem dla sił zmierzających do odrodzenia groźnych dla demokracji rządów populistyczno-autorytarnych.

## Czynniki polityczno-demograficzne

Innym jeszcze poważnym utrudnieniem dla rozwoju politycznej reprezentacji lewicy jest okoliczność, którą można by określić jako **polityczno-demograficzną**. W chwili obecnej dominującą rolę w życiu publicznym, gospodarczym, kulturalnym, w mediach, w edukacji i w innych dziedzinach odgrywa pokolenie ludzi w sile wieku, których społeczne i polityczne dojrzewanie przypadło w okresie degeneracji projektu lewicowego w tej postaci, jaką reprezentował PRL. Jak o tym wcześniej wspomniano, ideologiczną reakcję na ówczesny stan tego projektu stanowił „antykomunizm" zawierający w sobie wyraźne elementy antylewicowości (choć nie zawsze). Można powiedzieć, że osoby o antykomunistycznym, a także w znacznym stopniu antylewicowym nastawieniu odgrywają dziś wiodące role w wielu dziedzinach życia. Przykładem mogą służyć kariery byłych działaczy NZS – związku silnie antykomunistycznego.

Sytuacji polskiej lewicy nie ułatwia sytuacja lewicy europejskiej. Wielu obserwatorów stwierdza, że lewica europejska uległa „pro-

gramowemu wyczerpaniu"[21]. Nie umie sformułować projektu, który
by odpowiadał na problemy współczesnego świata. Jest to istotny
czynnik jej politycznych niepowodzeń. Wszystkie opisane tu okoliczności sprawiają, że polityczna odbudowa lewicy to bardzo trudne wyzwanie.

## Przesłanki odbudowy sił politycznej lewicy

Kluczem do odbudowy lewicy jako znaczącej siły politycznej jest
wypracowanie koncepcji programowej, która polskiemu społeczeństwu przedstawiłaby jasną perspektywę tego, jakie są cele lewicy
i jak zamierza je realizować. Cele te powinny być tak sformułowa-
ne, aby wokół nich można było zintegrować różne siły i środowiska,
a przede wszystkim te, które choć ideowo bliskie lewicy, do solidarności z nią się nie poczuwają.

### Adresat programów lewicy

W środowiskach lewicowych rozpowszechnione jest przekonanie,
że program lewicy powinien być skierowany do wyodrębnionych
grup społecznych, do określonej kategorii wyborców. Ponieważ
głównym celem lewicy jest walka ze społeczną niesprawiedliwością, przyjmuje się, że jej programy powinny być kierowane głównie do grup upośledzonych. Jest to pogląd dyskusyjny – nie tylko
dlatego, że grupy owe na ogół nie stanowią dużej siły politycznej,
ale przede wszystkim dlatego, że poprawa ich losu zależy od stanu
całego społeczeństwa – od jego dynamiki rozwojowej. Znaczy to,
że program lewicowy powinien mieć bardzo szerokiego adresata. Są
nim nie tylko te grupy społeczne, które czują się przegrane w wyniku transformacji ustrojowej, lecz także ci wszyscy, którym zależy na rozwoju kraju i którzy chcą, aby rozwój ten nie odbywał się
kosztem słabszej części społeczeństwa.

Taką perspektywę mogą przyjąć nawet te grupy społeczne, których doraźny interes ekonomiczny nie jest zbieżny z interesem osób
żyjących z pensji lub zasiłków, a nieraz wydaje się im przeciwstaw-
ny. W grupach tych jest niemało ludzi, którzy są w stanie zrozumieć,

---

[21] Pisali o tym niedawno Piotr Buras w „Gazecie Wyborczej" i Adam Krzemiń-
ski w „Polityce".

że w społeczeństwie, w którym panują duże nierówności i w którym nierówności nie są uznawane za sprawiedliwe, a więc nie są legitymizowane, rozwijają się destruktywne konflikty przynoszące niepowetowane szkody niemal każdemu. Jak pisał Karl Polanyi, reakcją na panowanie wolnego rynku był wzrost znaczenia skrajnej prawicy w latach trzydziestych, załamanie modelu liberalnej gospodarki i gospodarcza depresja, które to zjawiska umocniły ruchy radykalne zarówno na skrajnej prawicy, jak i lewicy.

Myślenie lewicowe odnosi się do potrzeb, aspiracji, a także interesów bardzo różnych ludzi. Koncepcja programowa lewicy powinna być tak budowana, aby znaczna część obywateli mogła uznać ją za swoją – jako dobrą dla kraju, a nie dla danej partii czy dla wybranych grup.

Bardziej radykalni zwolennicy lewicy takie ujęcie celów programowych uznają zapewne za niewłaściwe czy wręcz fałszywe. Mając świadomość zła, jakie może wyrządzać gospodarka kapitalistyczna, uważają, że celem lewicy powinno być mobilizowanie sił społecznych do walki przeciw kapitalistycznym stosunkom, a więc dążenie do jakieś nowej formy socjalizmu – socjalizmu demokratycznego. Jeśli przyjmie się taki punkt widzenia, to adresatem programów lewicowych powinno się czynić głównie tych, którzy przez kapitalizm czują się pokrzywdzeni.

Tego rodzaju podejście ma obecnie cechy myślenia utopijnego. Choć zapewne utopiami warto się zajmować, celem ruchu politycznego, który ludzkie życie chciałby zmienić na lepsze w stosunkowo niedługim czasie, nie może być realizacja utopii, lecz tworzenie programów, które już teraz, w obecnych warunkach, mogą dawać szanse emancypacji upośledzonych grup.

### Główne cele programowe lewicy

**Sfera społeczno-gospodarcza.** Omówienie głównych elementów lewicowej polityki społeczno-gospodarczej przedstawione zostało w rozdziale *Ku modernizacji Polski.* Zwraca ono uwagę na dwa jej podstawowe cele – modernizację kraju i zwalczanie społecznego upośledzenia. Podobne cele deklarowane były chyba przez wszystkie rządy III RP. Ich realizacja okazała się pod wieloma względami wadliwa, o czym była mowa w innych częściach niniejszego opracowania. Dla lewicy jedną z najważniejszych spraw jest wypracowanie takiej strategii, która służąc rozwojowi ekonomicznemu, będzie przeciwdziałać dalszej polaryzacji polskiego społeczeństwa i która za swój ważny cel uzna awans grup, jakie znalazły się w sytuacji upośledzenia. Do kluczowych elementów takiej strategii należy zaliczyć politykę edukacyjną i politykę naukową.

Polityka edukacyjna powinna być jednym z głównych warunków przyspieszenia procesu modernizacji naszego kraju i przezwyciężania społecznego upośledzenia. Wszakże nie chodzi tu o zwykłe zwiększenie wskaźników skolaryzacji. Chodzi o podwyższenie jakości kształcenia, o upowszechnienie dostępu do nowoczesnych form kształcenia, o stworzenie systemu podwyższania i uzupełniania edukacji ludzi dorosłych, a także o wczesne rozpoczynanie edukacji, jest to bowiem warunkiem rozwoju umysłowego determinującego szanse życiowe ludzi.

Rozwój edukacji ma znaczenie dla wielu grup społecznych: dla grup społecznie upośledzonych, bo otwiera im drogi awansu społecznego, dla ludzi dotkniętych bezrobociem, bo stwarza możliwość wydobycia się z tej sytuacji, dla przedsiębiorców, bo zwiększa dostępność kwalifikowanej siły roboczej, dla środowisk inteligenckich, bo jest to zadanie, w które jego znaczna część może zostać zaangażowana, dla młodzieży, bo ona byłaby głównym beneficjentem tej polityki. Takie ujęcie polityki edukacyjnej znaczy, że nie można oddawać jej pod kontrolę sił rynkowych i podporządkować zasadzie powiększania zysków.

Polityka naukowa powinna być nastawiona na tworzenie warunków przyspieszonego rozwoju badań naukowych i sprzężenia ich z potrzebami rozwoju społeczno-ekonomicznego. Istnieje w tym zakresie niemało doświadczeń międzynarodowych, które w Polsce były ignorowane. Nie podjęto realnych prób uczynienia z niej siły prorozwojowej.

Świadomość, że edukacja i nauka to ważne problemy społeczne, ma nie tylko lewica. Jednakże w koncepcji dokonywanej w Polsce transformacji sektory te nie były poważnie traktowane. Kładziono nacisk na co innego. Prawicowa koncepcja edukacji stawia sobie za cel przede wszystkim ideologiczną indoktrynację – umacnianie konserwatywnego światopoglądu. Traktuje ona edukację jako sposób podtrzymywania istniejących stosunków społeczno-ekonomicznych. Dla lewicy sprawą centralną jest zaś przygotowanie do nowoczesności. Edukacja ma być instrumentem awansu społecznego i postępu społecznego.

Prawicowe rozumienie edukacji doszło do głosu ze szczególną siłą w okresie, gdy Roman Giertych kierował ministerstwem edukacji. Centroprawica podchodzi do tej sprawy inaczej – docenia rolę edukacji jako warunku postępu cywilizacyjnego.

Polityka gospodarcza, która chce przezwyciężać społeczną polaryzację i walczyć ze społecznym upośledzeniem, rozumiana bywa jako wprowadzanie zasad państwa opiekuńczego. Wszakże idea „państwa opiekuńczego" może być ujmowana w różny sposób. Dla jednych jest to państwo nastawione na rozbudowywanie sfery socjalnej – oferujące za darmo bardzo szeroką gamę usług społecznych, wspierającą obywateli łatwo przyznawanymi zasiłkami, zwolnieniami, uprawnieniami itp. Można powiedzieć, że jest to **paternalistyczne rozumienie** państwa opiekuńczego. Ideę tę można ujmować i w inny sposób, uważając, że państwo opiekuńcze to takie, które uznaje swą odpowiedzialność za los obywateli, ale ich samych współodpowiedzialności nie pozbawia. Takie państwo troszczy się przede wszystkim o tworzenie warunków osobistego rozwoju i bezpieczeństwa socjalnego dla jak najszerszego kręgu obywateli.

W państwie takim do spraw centralnych należy praca (a nie zasiłki) – zarówno zatrudnienie, jak i płace, bez niej bowiem człowiek ulega degradacji. Dla prawicy zatrudnienie i płace to kwestia relacji poszczególnych pracobiorców i poszczególnych pracodawców – po prostu relacja rynkowa[22]. Dla lewicy są to kwestie, które muszą pozostawać w polu widzenia państwa.

Każde współczesne, demokratyczne państwo czuje się odpowiedzialne za zabezpieczenie obywateli przed poważnymi skutkami życiowych katastrof. Uznaje także, że obywatele powinni mieć zapewniony dostęp do opieki zdrowotnej. Wszakże prawica i lewica różnią się, jeśli idzie o pogląd, w jaki sposób ów dostęp powinien być zapewniany. Prawica wierzy w skuteczność sił rynkowych. Lewica stoi na stanowisku, że podporządkowanie tej sfery zasadzie powiększania zysku musi prowadzić do upośledzenia wielu grup społecznych.

---

[22] Mówi o tym w rozmowie z Jackiem Żakowskim Edmund Phelps, laureat Nagrody Nobla w dziedzinie ekonomii (J. Żakowski, *Zawał. Zrozumieć kryzys*, „Polityka", Warszawa 2009).

Lewica uznaje, że rozwój ekonomiczny jest głównym warunkiem efektywnego wykonywania „funkcji opiekuńczych" państwa, dlatego nie może odrywać celów społecznych od celów rozwojowych. **Sfera polityczna.** Celem lewicy powinna być zmiana kultury politycznej i sposobu działania instytucji demokratycznych, o czym jest mowa dalej w rozdziale _Jakość demokracji_. Zmiana kultury politycznej to kwestia umocnienia demokratycznego etosu. Etos ten zakłada świadomość istnienia dobra wspólnego i szacunek dla innych uczestników życia publicznego. Znaczy to, że różnice interesów i różnice zdań rozwiązuje się przede wszystkim w drodze dialogu – debaty, sporu, deliberacji – i przestrzega cywilizowanych reguł ich prowadzenia. Wiąże się z tym potrzeba rozbudowywania instytucji dialogu społecznego i nadania im odpowiedniego statusu.

Są różnice i spory, których w drodze dialogu rozwiązać się nie da – są one rozstrzygane za pomocą głosowania, arbitrażu lub w drodze sądowej. Zasadą demokratycznej kultury politycznej jest podporządkowanie się ustaleniom, jakie wtedy zapadają.

Zasady demokratycznej kultury politycznej odnoszą się nie tylko do sfery życia państwowego. Lewica powinna dążyć do jej rozprzestrzenienia na inne sfery życia – na sferę stosunków pracy, sferę wychowania i edukacji, a także, w jakiejś formie, na stosunki między instytucjami państwa a obywatelami. Wyrazem tego powinna być otwartość na inicjatywy organizacji społecznych i gotowość do dialogu z nimi. Poważne traktowanie organizacji społecznych przez państwowe instytucje to ważny warunek rozbudowy społeczeństwa obywatelskiego.

Postawa tolerancji i gotowość do dialogu nie są równoznaczne z godzeniem się na działalność, która wartości demokratyczne podważa. Taka działalność powinna być z całą determinacją zwalczana. **Sfera społeczno-kulturowa.** Celem lewicy jest zmiana klimatu społecznego. Chodzi o to, aby dążenie do zysku i do maksymalizacji konsumpcji nie stawało się głównym wyznacznikiem ludzkiego życia, a więc o alternatywę dla takich form życia. Główną alternatywą jest uczestnictwo w kulturze. Program lewicowy powinien proponować środki, które mogą przyczynić się do podwyższenia statusu kultury, przede wszystkim kultury wysokiej, i upowszechnienia systemu wartości, w którym uczestnictwo w kulturze staje się ważnym wymiarem życia. Celem polityki lewicowej powinno być ułatwianie szerokiego dostępu do różnych obszarów kultury i wspieranie aktywności kulturowej. Chodzi także o przeciwstawienie się zjawiskom degradacji kultury masowej w wyniku jej skrajnej komercjalizacji. Przeciwieństwem takiej polityki jest uznanie, że działalność w sferze kultury ma być podporządkowana tym samym regułom co inne formy działalności komercyjnej, a więc instytucje kulturalne mają po prostu walczyć o utrzymanie się na rynku.

Lewicy chodzi także o zagwarantowanie praw i wolności obywatelskich, którym może zagrażać nadmierna ingerencja zarówno państwa (czego jednym z przykładów były afery podsłuchowe), jak i innych podmiotów, w tym także potężnych instytucji gospodarczych. Jest ważne, aby chronić prawa słabszych zagrożone przez silniejszych. Dotyczy to także Kościoła katolickiego, który stał się potężną i wpływową instytucją (choć różni jego przedstawiciele starają się stworzyć wrażenie, że Kościół jest ograniczany i lekceważony). Lewica nie powinna dążyć do wszczynania wojny kulturowej, ale musi ona dbać o to, aby chronić świeckość państwa i prawa obywateli do podejmowania autonomicznych decyzji moralnych.

Program lewicy powinien zawierać konkretne projekty dotyczące nie tylko formalnych gwarancji odpowiednich praw, lecz także sposobów ich skutecznego egzekwowania.

## Lewica jako formacja polityczna

Realizacja celów lewicy uzależniona jest w niemałym stopniu od jej znaczenia na scenie politycznej, to znaczy od siły i jakości lewicowej formacji politycznej. Taka formacja dla samej siebie musi znaleźć odpowiedź na pewne kluczowe pytania.

## Jaki jest jej stosunek do sprzeczności i konfliktów występujących w polskim społeczeństwie i we współczesnym świecie?

Odpowiedź na takie pytanie wymaga przede wszystkim zdefiniowania tych konfliktów. W Polsce przez wiele lat główna oś konfliktów definiowana była w kategoriach tożsamościowych, a także kulturowych. W życiu politycznym wyznaczało ją przeciwieństwo między tymi, którzy identyfikowali się z tradycją Solidarności

(„post-Solidarność"), a tymi, którzy identyfikowali się lub byli identyfikowani jako tzw. postkomuniści, a szerzej, między tymi, którzy okres PRL całkowicie odrzucali, a tymi, którzy go w jakimś stopniu akceptowali. Było to także przeciwieństwo między orientacją świecko-liberalną i konserwatywno-katolicką. Sprzeczności te nadal odgrywają istotną rolę w polskim społeczeństwie, a ta ostatnia staje się teraz jeszcze bardziej wyrazista.

Według lewicy taki sposób skrystalizowania głównych konfliktów społecznych jest dla życia społecznego dysfunkcjonalny. Po pierwsze, dlatego, że konflikty tożsamościowe i kulturowe są szczególnie groźne, gdyż są w nie uwikłane bardzo ważne wartości, którym przydaje się charakter świętości. W takich sferach bardzo trudno o porozumienie. Jeśli więc nie ma dochodzić do głębokich podziałów wykluczających współpracę („dwie Polski") i do gwałtownych zderzeń, to niezbędne jest rozwijanie ducha tolerancji i szacunku dla odmiennych tradycji i wartości.

Po drugie, dysfunkcjonalność takiego sposobu definiowania konfliktów społecznych wynika także i z tego, że sprzyja to maskowaniu ważnych dla społeczeństwa sprzeczności o charakterze ekonomicznym. Spory, jakie rozgrywają się w sferze politycznej, zamiast dotyczyć sposobu rozwiązywania ważnych problemów społeczno--ekonomicznych, przekształcają się w walkę ideologiczną. Lewica, co oczywiste, jest zaangażowana w spór ideologiczny z prawicą, ale jest przeciwna temu, aby spór ten przykrywał rozbieżności co do polityki społecznej i ekonomicznej, a także aby był ujmowany jako antagonizm między dwoma wrogimi, nieprzejednanie zwalczającymi się obozami ideologicznymi.

Lewica swą główną uwagę chciałaby zwrócić na sprzeczności między tzw. salateriatem (ludźmi żyjącymi z pensji) a pracodawcami, między regionami zaniedbanymi a szybko się rozwijającymi, między zacofanymi ośrodkami wiejskimi a ośrodkami wielkomiejskimi, między zamożnymi a biednymi dzielnicami miast itp. Jej celem powinno być szukanie konstruktywnych rozwiązań tych sprzeczności, a partnerem w tych poszukiwaniach powinny być związki zawodowe i inne organizacje społeczne.

## Jakie siły społeczne mają stanowić oparcie dla formacji lewicowej?

Jest oczywiste, że lewica, dla której jednym z głównych celów jest emancypacja upośledzonych grup, musi szukać oparcia w tych właśnie grupach. Nie chodzi tu jedynie o upośledzenie o charakterze ekonomicznym. W społeczeństwie występują różne jego formy – związane z płcią, narodowością czy przynależnością etniczną, wyznaniem i stosunkiem do religii, regionem zamieszkania, orientacją seksualną, a także przeszłością polityczną itp.

Poczucie upośledzenia może powstawać nie tylko wtedy, gdy ludzie natrafiają na bariery ekonomiczne lub prawne albo gdy spotykają się z dyskryminującymi ich postawami. Bardzo często powstaje ono także wtedy, gdy jakieś grupy lub kategorie ludzi dochodzą do przekonania, że ich status materialny lub pozycja społeczna są niższe, niż na to zasługują. Takie przekonanie może mieć obiektywne podstawy, jak w przypadku zawodów, które są społecznie niedoceniane, np. pielęgniarek czy nauczycieli. Może ono też powstawać u ludzi, którzy sądzą, że ich awans życiowy jest hamowany przez dominujące w danym środowisku elity. Dotyczy to różnych sfer życia – sfery kultury, nauki, działalności gospodarczej i innych.

Przeświadczenie, że istniejące hierarchie i ustabilizowane elity ograniczają możliwości awansu, jest w Polsce dość rozpowszechnione. Do wielu osób żywiących takie przekonanie trafia argument walki z elitami. Łatwo mogła je przekonać narracja PiS zawierająca taką ideę, a także praktyka polityczna tej partii nastawiona na wymianę elit.

Lewica, popierając dążenia emancypacyjne grup upośledzonych, powinna być zainteresowana sprawiedliwymi kryteriami awansu i zwalczaniem sytuacji, w których możliwości awansu są ograniczane przez dobrze ustabilizowane grupy interesu. Musi jednak wystrzegać się niebezpieczeństwa zastępowania kryteriów merytorycznych politycznymi. Tak właśnie postępowały rządy PiS, usiłując rozprawić się z niechętnymi im elitami za pomocą lustracji, czy też awansując na wysokie stanowiska osoby bez merytorycznego przygotowania (czego przykładem było przyznawanie wysokich stopni wojskowych ludziom powoływanym do służb specjalnych)[23].

---

[23] Postępowanie to przypominało koniec lat sześćdziesiątych, kiedy zatrudniano na uczelniach niesławnej pamięci docentów marcowych.

Społecznym oparciem dla lewicy powinny być nie tylko grupy upośledzone. Uzyskanie i utrzymanie władzy w demokratyczny sposób oznacza konieczność wypracowania polityki, która zdobędzie poparcie, jeśli nie większości, to znaczących segmentów społeczeństwa. Polityka, która kładzie nacisk na jeden tylko typ wartości i jeden typ interesów, niemal zawsze odnosi się do mniejszości. Dlatego, aby być politycznie skutecznym, trzeba szukać takich formuł programowych, które odwołują się do szerokich kręgów społeczeństwa. Nie chodzi tu o rezygnację z ważnych wartości lewicy czy też o ich ukrywanie w celu zwiększania liczby zwolenników. Lewica, dążąc do lepszego urządzenia życia społecznego, ma możliwości zdobywania poparcia w bardzo szerokich kręgach. Musi tylko nauczyć się formułować swoje cele w taki sposób, który dla tych szerokich kręgów mógłby być przekonujący.

### Jak uniknąć przekształcania się w partię władzy, której głównym celem staje się wygrywanie wyborów i zdobywanie stanowisk?

Niebezpieczeństwo przekształcania się w partię władzy ma charakter endemiczny – dotyczy wszystkich partii politycznych i właściwie chyba wszystkim, jakie dłużej działały w naszym kraju, to się przydarzyło. Świadomość tego niebezpieczeństwa powinna być stale obecna w szeregach lewicowej formacji i w jej kierownictwie. Musi ona nieustannie troszczyć się o to, aby cele ideowe, które wobec społeczeństwa zadeklarowała i które podejmuje się realizować, nie schodziły na drugi plan ze względu na potrzeby gry politycznej. O znacznej części tych celów zapomniał SLD w trakcie kadencji 2001–2005 i drogo za to zapłacił. Swoim celom programowym sprzeniewierzył się także PiS i też źle się to dla niego skończyło. Platforma Obywatelska, wbrew temu, co się o niej często mówi, tak bardzo od swej tożsamości ideowej się nie oddala. Jest to jednym z czynników, który pomaga jej zachować wysokie notowania w społeczeństwie.

## Jak formacja lewicowa ma realizować zmiany w demokratycznym społeczeństwie?

Idee zmian mających poprawić życie społeczne w Polsce głosiły i głoszą właściwie wszystkie partie polityczne i wszystkie osoby ubiegające się u wyborców o wysokie urzędy. Dość często idee te pozostawały na papierze, a zamiast zmiany mieliśmy do czynienia z kontynuacją. Chyba najbardziej radykalne podejście do zmian zaprezentował PiS. Wychodząc od bezwzględnej krytyki teraźniejszości, podjął próbę personalnej przebudowy niemal wszystkich znaczących instytucji przez masowe czystki w administracji (politykę „odzyskiwania" instytucji), zmierzającą do kompromitowania istniejących autorytetów, mobilizującą społeczne antagonizmy. Był to rodzaj zmiany, który w jakimś stopniu przypominał rewolucję kulturalną, zarówno pod względem ideologii, jak i niektórych praktyk. Oczywiście, była to „rewolucja kulturalna" nieskończenie łagodniejsza niż w ChRL. W tym krótkim okresie, w którym ją realizowano, nie wiązała się z łamaniem instytucjonalnych reguł demokracji. Łamała jej ducha.

Idea zmiany, którą miałaby realizować lewica, nie może mieć nic wspólnego z polityką „odzyskiwania". W demokratycznym społeczeństwie realizacja idei zmiany polega na wprowadzaniu nowych reguł funkcjonowania instytucji – reguł negocjowanych ze środowiskami, których one dotyczą, i zdobywania społecznej aprobaty dla tych reguł. Jest oczywiste, że wprowadzanie zmian wymaga mobilizacji ich zwolenników, ale mobilizacja taka nie jest równoznaczna z dążeniem do moralnego niszczenia przeciwników. Z wyjątkiem tych, którzy nie mając umiaru w walce politycznej, sami odwołują się do agresywnych strategii.

Idea zmiany może być skutecznie realizowana przez formację polityczną, jeśli stanowi ona zwartą, dobrze kierowaną organizację, która ma jasno określone cele i wyraźną ideową tożsamość. Przez jakiś czas ideowa tożsamość polskiej lewicy nie była jasno określona, m.in. dlatego, że lewica nie potrafiła klarownie odnieść się do własnej przeszłości.

Sprawa tożsamości lewicy w niniejszym opracowaniu została przedstawiona przez Jerzego Wiatra.

ZDZISŁAW SADOWSKI

## II. KU MODERNIZACJI POLSKI

Tekst niniejszy powstał jako raport zespołu CPA ds. lewicowej koncepcji społeczno-ekonomicznego programu modernizacji kraju[1] i obejmuje następujące tematy:
- obraz i ocena sytuacji ekonomicznej i społecznej w Polsce,
- główne światowe tendencje zmian w sferze gospodarczej i społecznej,
- pożądany ogólny kierunek dalszych zmian ustrojowych,
- pożądane kierunki zmian strukturalnych i polityki rozwoju kraju.

### 1. Obecna ekonomiczna i społeczna sytuacja Polski

Koniecznym punktem wyjścia dla rozważań o lewicowej koncepcji modernizacji Polski jest ocena dzisiejszej sytuacji ekonomicznej, społecznej i politycznej kraju. W ocenie tej sytuacji trzeba brać pod uwagę cechy ukształtowanej w ciągu dwudziestolecia struktury gospodarki oraz struktury społecznej.

**Struktura gospodarcza.** Gospodarka polska okazała się odporna na załamanie koniunktury światowej, ale nie świadczy to o jej sile konkurencyjnej i rozwojowej. Dwudziestolecie przyniosło szereg pozytywnych przemian, ale nie zapewniło strukturalnej modernizacji gospodarki. Transformacja ustrojowa spowodowała na wstępie destrukcję znacznej części potencjału przemysłowego, częściowo uzasadnioną przez zacofanie technologiczne, lecz częściowo szkodliwą, gdy sprawne przedsiębiorstwa upadały z powodu gwałtownej zmiany warunków rynkowych. Szkodliwe było zwłaszcza

[1] W pracach zespołu udział brali: Zdzisław Sadowski (przewodniczący zespołu); Janusz Reykowski (przewodniczący CPA); Krzysztof Janik; Marek Jaśkiewicz; Lech Nikolski; Jan Ordyński; Krzysztof Pater; Andrzej Raczko; Stanisław Rakowicz; Andrzej Sopoćko; Janusz Tomidajewicz; Robert Walenciak. Raport sporządził Zdzisław Sadowski.

zniszczenie funkcjonujących już elementów przemysłu elektronicznego, który powinien był się stać podstawą unowocześnienia gospodarki. Skutkiem upadku przemysłu była likwidacja przeszło miliona miejsc pracy. Nowy rozwój przemysłu oparł się w znacznej mierze na kapitale zagranicznym, co przyczyniło się do nadania produkcji nowoczesności technologicznej, ale i uczyniło ją niesamodzielną, ze znacznym udziałem produkcji montażowej i rosnącą zależnością od importu. Zmianę tego stanu rzeczy uniemożliwia słabość zaplecza badawczo-rozwojowego. W strukturze rolnictwa nie nastąpiły zasadnicze zmiany. Błędem była szokowa likwidacja państwowych gospodarstw rolnych, która spowodowała spadek produkcji i przyczyniła się do wzrostu bezrobocia. Na przebudowę struktury agrarnej, niezbędnej dla unowocześnienia gospodarki kraju, nie pozwoliło utrzymywanie się masowego bezrobocia miejskiego.

Ostry spadek dochodu narodowego w pierwszym okresie transformacji spowodował silne pogorszenie sytuacji usług publicznych, finansowanych z budżetu państwa, w szczególności w dziedzinie ochrony zdrowia, edukacji i badań naukowych. Stworzyło to problemy, które do dziś nie mogą doczekać się rozwiązania.

Do przyspieszenia wzrostu gospodarczego i otwarcia nowych horyzontów przyczyniło się przystąpienie do Unii Europejskiej w roku 2004, natomiast nowe problemy stworzył kryzys światowy roku 2008.

Warunki dalszego rozwoju kraju są trudne, zwłaszcza z uwagi na nadchodzące zasadnicze zmiany struktury demograficznej, a także niekorzystną sytuację energetyczną wynikającą z zależności od węgla jako głównego nośnika energii.

**Struktura społeczna.** Nowe warunki systemowe stworzone przez transformację sprawiły, że szybko rozpoczął się proces rozwarstwiania społeczeństwa w wyniku pogłębiającego się zróżnicowania dochodowego. Początkiem był wybuch masowego bezrobocia, które – przy znacznym zróżnicowaniu regionalnym – szybko osiągnęło poziom najwyższy w Europie i, choć poważnie spadło po 2004 r., wciąż jest wysokie, utrzymuje się bowiem na poziomie około 11% ludności aktywnej. Bezrobocie dotknęło bardzo silnie młodzież wkraczającą w wiek aktywności. Po wstąpieniu do Unii Europejskiej pojawiła się wzmożona skłonność aktywnej młodzieży do emigracji zarobkowej, co przyczyniło się do spadku bezrobocia, ale stworzyło problem istotny z uwagi na pogarszające się perspektywy demograficzne kraju (starzenie ludności i spadająca liczebność roczników wchodzących w wiek aktywności). Kryzys spowodował ponowny wzrost bezrobocia.

Skutki masowego bezrobocia ujawniły się w postaci rozległej strefy biedy, która dotyka obecnie poważną część społeczeństwa ze znacznym udziałem regionów wiejskich. Problemem jest utrwalanie się biedy rodzinnej i przenoszenie się jej na kolejne pokolenie. Następuje rozszerzanie się marginesu społecznego i rozchwianie więzi społecznej w wyniku różnych form wykluczenia, nie tylko materialnego, lecz także informacyjnego i kulturowego. Daje się odczuć rosnąca agresywność młodzieży i nasilanie się przestępczości, w tym rozwój przestępczości zorganizowanej.

Polaryzacja dochodowa wytworzyła głęboki podział społeczeństwa na beneficjentów przemian i tych, których dotknęło niepowodzenie. Podział ten ujawnia się w rozwarstwieniu ekonomicznym i kulturowym oraz wielu formach zróżnicowania i wykluczenia społecznego, w tym w różnicach między miastem i wsią oraz między poziomem rozwoju poszczególnych regionów.

**Klimat polityczny.** Zjawiska te przenoszą się na nastroje społeczne i sprawiają, że znaczna część społeczeństwa stała się podatna na hasła populistyczne, co ma istotny wpływ na klimat polityczny i wyniki wyborów. Arena polityczna jest opanowana przez dwie ostro zwalczające się partie prawicowe, z których jedna w okresie swoich rządów, opartych na próbie tworzenia reżimu półautorytarnego, doprowadziła – pod hasłami odnowy moralnej, walki z korupcją i z pozostałościami komunizmu – do skonfliktowania społeczeństwa i zniszczenia kapitału społecznego, a druga po objęciu władzy musiała podjąć walkę z kryzysem w atmosferze nasilającej się walki politycznej, pogarszającej na co dzień ogólny klimat społeczny. Ciosem dla życia społecznego stała się tragiczna katastrofa samolotu prezydenckiego w Smoleńsku 10 kwietnia 2010 r., która stworzyła konieczność przeprowadzenia przyspieszonych wyborów prezydenckich. W dodatku odbywały się one w warunkach klęski powodzi. Wybory pogorszyły atmosferę społeczną, do czego w niemałej mierze przyczyniło się polityczne zaangażowanie Kościoła. Główna partia opozycyjna przeszła na pozycję otwartej walki z demokratycznie wybranymi organami władzy państwowej, wytwarzając atmosferę nieskrywanej wrogości, uniemożliwiającej dialog polityczny. Pozycja polityczna lewicy pozostaje słaba mimo niezłego wyniku jej kandydata w wyborach prezydenckich, gdyż nie ukazuje ona realnej, atrakcyjnej alternatywy wobec rządzącej prawicy. **Wnioski.** Transformacja stworzyła podstawowe warunki ustrojowe zapewniające zbliżenie do cywilizacji atlantyckiej oraz zasadniczy zwrot ku nowoczesności, jakim stało się przystąpienie do Unii Europejskiej. Kluczowym problemem jednak pozostaje głęboka polaryzacja społeczeństwa. Przezwyciężenie jej jest niezbędne dla zapewnienia sprawiedliwości społecznej, tworzenia kapitału społecznego i budowania nowoczesnego społeczeństwa informacyjnego. Powinno to się stać naczelnym celem działania nowoczesnej polskiej lewicy. Priorytetowym kierunkiem, niezbędnym dla realizacji tego celu, jest modernizacja strukturalna gospodarki, która wymaga opracowania długookresowej strategii rozwoju. Podstawowym elementem tej strategii powinno być unowocześnienie systemu edukacyjnego i zapewnienie szybkiego wzrostu racjonalnych wydatków na naukę. Jednocześnie świeże doświadczenie z zaangażowaniem politycznym Kościoła wskazuje na nagle zwiększoną potrzebę i szansę ustrojowego unowocześnienia warunków życia społecznego opartego na idei świeckiego państwa, neutralnego światopoglądowo.

## 2. Światowe tendencje rozwoju

Niezbędnym warunkiem określenia kierunków modernizacji myśli i działań jest rozpoznanie tendencji światowych, wynikających z przemian technicznych i cywilizacyjnych, z globalizacji, a obecnie również ze światowego kryzysu gospodarczego.

**Kierunki zmian.** Świat szybko przekształca się w kierunku tworzenia globalnego społeczeństwa informacyjnego. Trwa rewolucja naukowo-techniczna. Towarzyszą temu szybkie przemiany w obyczajowości, wynikające ze zmian w warunkach życia, z powszechnej komercjalizacji, z serwicyzacji i rosnącej roli mediów. Należy sądzić, że procesy te będą trwały. Przemiany te bynajmniej nie są jednoznacznie pozytywne, ale trzeba uznać fakt ich dokonywania się i dostroić do nich własną ideologię i działania.

**Kryzys.** Mechanizmy współczesnego rynku przyczyniają się do ogólnego rozwoju, ale doprowadziły też do głębokiego kryzysu ekonomicznego, który wyniknął z nadmiernego rozdęcia rynków finansowych i niespotykanego wzrostu roli kapitału finansowego oraz wyzwolenia się na wielką skalę najgorszych motywów ludzkiego działania. Po kryzysie gospodarka światowa nigdy nie wraca do poprzedniego stanu, powinno się więc oczekiwać zmian instytucjonalnych, a zwłaszcza przebudowy międzynarodowego systemu finansowego w kierunku ograniczenia swobody ekspansji rynków finansowych i regulacji przepływów kapitałowych. Dzisiaj świat zaczął już wychodzić z kryzysu i rok 2010 przynosi stopniową poprawę, ale ogólna sytuacja pozostaje niepewna, gdyż podstawowe zagrożenia nie zostały usunięte. Coraz bardziej niepewna staje się perspektywa rzeczywistego uzdrowienia światowego systemu finansowego wobec oporu centrów kapitału finansowego, broniących dotychczasowego układu.

**Tendencje autodestrukcyjne.** Przezwyciężenie kryzysu ekonomicznego jest tylko częścią problemów współczesnego świata i jego przyszłości. Nawet jeśli chwiejność finansowa świata zostanie opanowana, nadal będą się utrzymywały inne groźne tendencje długookresowe, jakie wynikają ze sposobu działania mechanizmów rynkowych. Dwa wielkie zagrożenia przyszłości to:

– postępujące rujnowanie środowiska ekologicznego, połączone z wyczerpywaniem się zasobów naturalnych globu ziemskiego, niszczeniem fauny i flory, prowadzące do niepokojących zmian klimatycznych,

– oraz pogarszanie się światowej sytuacji społecznej w następstwie pogłębionych przez kryzys rozpiętości dochodowych i masowej biedy, które powodują ogólny wzrost konfliktowości zarówno w wymiarze lokalnym, jak i międzynarodowym, aż do terroryzmu globalnego.

Te negatywne tendencje składają się na procesy autodestrukcji, które same przez się nie mogą ustać, gdyż wynikają ze sposobu działania mechanizmów rynkowych. Grożą one podważeniem możliwości dalszego spokojnego rozwoju świata, a w pierwszym rzędzie przyszłości krajów i warstw ubogich, które będą musiały najwcześniej rozpocząć walkę o przetrwanie. Do przyspieszonego narastania tych niebezpiecznych zjawisk przyczyniła się trwająca przez ostatnie ćwierćwiecze dominacja doktryny neoliberalnej, głoszącej nieograniczoną wiarę w swobodę rynkową. Obecny kryzys powinien znamionować koniec epoki neoliberalizmu. Uwidocznił bowiem ponad wszelką wątpliwość, że nie można już pozwalać na to, aby mechanizm rynkowy był jedynym regulatorem losu człowieka.

Nie można jednak odejść od systemu rynkowego, gdyż nie znamy sprawniejszego sposobu organizacji życia gospodarczego i społecznego. Tylko on dzięki mechanizmowi konkurencji wyzwala ludzką przedsiębiorczość i kreatywność oraz zapewnia gospodarce zdolność do szybkiej adaptacji do wciąż zmieniających się warunków. Nie ma więc podstaw do przewidywania, aby w wyniku kryzysu miało nastąpić trwałe odejście od podstawowych zasad ustrojowych kapitalizmu. Powinna się tylko skończyć pewna postać kapitalizmu rynkowego, związana z dominacją kapitału finansowego.

**Skojarzenie rynku i państwa.** Potrzebne jest skojarzenie systemu rynkowego z regulacyjnym oddziaływaniem indywidualnych państw i ich związków, których polityka gospodarcza i społeczna powinna korygować wady systemu rynkowego i nie dopuszczać do rozwoju negatywnych zjawisk. Sytuacja światowa uwidacznia coraz silniej konieczność przebudowy świata w kierunku nowego ładu społecznego i ekologicznego, zapewniającego trwałe warunki zgodnego współżycia międzynarodowego i trwałe podnoszenie jakości życia na gruncie nowej cywilizacji informacyjnej. Podstawowy kierunek niezbędnych działań określa znana od dawna idea trwałego rozwoju, która dała początek różnym koncepcjom programów działania. Obecnie najpełniej wyraża ją Strategia Trwałego Rozwoju przyjęta przez Unię Europejską. Chodzi w niej o doprowadzenie do skutecznego skojarzenia rynku z rozumnym sterowaniem. Na razie znajduje to główny wyraz w postanowieniach dotyczących ochrony klimatu przed grożącym ociepleniem. Do pełnej realizacji tego dążenia potrzebne będzie przede wszystkim zapewnienie dalszego szybkiego rozwoju nauki i techniki oraz przestawienie produkcji na cele pokojowe, prospołeczne i proekologiczne.

Polska powinna brać w tym aktywny udział w ramach Unii Europejskiej oraz dostroić do tych potrzeb swoją koncepcję rozwoju kraju, a w tym celu nastawić się na:

– nadanie wzrostowi gospodarczemu charakteru proekologicznego, a w szczególności przeorientować gospodarkę na stopniowe odchodzenie od węgla jako głównego nośnika energii;

– szybkie rozwijanie cywilizacji informacyjnej i gospodarki opartej na wiedzy, co przekładać się musi na wzmożony wysiłek w dziedzinie edukacji oraz badań naukowych nie tylko w zakresie nauk

ścisłych i technicznych, lecz także humanistyki niezbędnej dla
krzewienia nowoczesnych postaw światopoglądowych;
- skuteczną walkę z biedą i wszystkimi formami wykluczenia społecznego. **Wnioski.** Cele te uznajemy za właściwe dla współczesnej myśli
lewicowej. Nasze własne doświadczenie uczy, że nie ma już uzasadnienia dawne socjalistyczne dążenie do zastąpienia rynku państwem w zakresie funkcji alokacji zasobów i podziału wyników.
Aktywność państwa jest niezbędna, ale tylko w funkcji współregulatora, mającego za zadanie korygowanie działania mechanizmu rynkowego w kierunku zapewnienia ładu ekologicznego i ładu
społecznego. Uznajemy więc to za podstawowy kierunek orientacji
programu współczesnej lewicy polskiej. W celu jego realizacji wi-
dzimy potrzebę aktywnego uczestnictwa we współpracy międzynarodowej, w tym w budowaniu szerokiego, międzynarodowego ruchu obywatelskiego, który byłby zdolny do wywierania nieustającej
presji na decydentów światowych w formach bardziej konstruktywnych niż okazjonalne protesty.

## 3. Kierunek zmian ustrojowych i określenie roli państwa

Trzeba zdawać sobie sprawę z tego, że szybkie zmiany zachodzą-
ce w obecnym świecie nie tylko obejmują sferę zaspokajania potrzeb
materialnych człowieka, lecz także sięgają głęboko w sferę kultury,
obyczajowości i systemów wartości. Nie chodzi więc o tworzenie
koncepcji nowego, statycznego ładu ustrojowego, który zasługiwał-
by na miano nowoczesnego, lecz o określenie pożądanego kierunku
oddziaływania na tworzenie się mobilnego, adaptacyjnego układu,
zdolnego do ciągłej, szybkiej absorpcji przemian w strukturze potrzeb i motywacji człowieka.

Ku tak pojmowanemu ustrojowi ekonomiczno-społecznemu powinna zmierzać nowoczesna lewica polska. Konkretyzacja tej tezy
wymaga rozpatrzenia jej na tle konfliktu politycznego, w jakim znajduje się obecnie rządząca polska prawica, a który otrzymał ideologiczny kształt starcia między koncepcjami Polski liberalnej lub
solidarnej.

**Liberalizm a solidaryzm.** Liberalizm i solidaryzm to ideologie,
które prowadzą do różnych ujęć normatywnych, a w konsekwencji
- do różnych sposobów kształtowania roli państwa. Główna myśl li-

beralizmu zakłada, że życie społeczne powinno opierać się na działaniach wolnych obywateli, najważniejsze więc są prawa jednostki, a państwo ma stać na straży swobód obywatelskich.

Główną myślą solidaryzmu jest zaś to, że najważniejsza jest wspólnota społeczna, którą powinna cechować jedność myśli i działań członków społeczeństwa, a państwo jako związek rządzących i rządzonych ma dbać o interesy wspólnoty. Idea nadrzędności dobra wspólnoty występuje także w tradycji socjalistycznej. Sprawiło to, że powierzchowni obserwatorzy zaczęli przypisywać lewicowość partii prawicowej głoszącej ideę „Polski solidarnej", gdy w rzeczywistości dla tej partii był to tylko parawan dla programu budowania państwa nadzorczo-represyjnego.

W doświadczeniu praktycznym socjalizmu idea dobra wspólnoty doprowadziła do totalitaryzmu radzieckiego. Wyjaśnienie tego można znaleźć już w ideologii solidaryzmu, w której wyodrębniły się dwie formy realizowania się więzi społecznej: organiczna (oparta na dobrowolnej, świadomej współpracy) i mechaniczna (oparta na usankcjonowanym obowiązku). Według koncepcji organicznej rola państwa jest pomocnicza: ma ono pomagać w umacnianiu się świadomości wspólnoty, poczucia więzi społecznej i potrzeby wspólnego działania. Podejście to znajduje wyraz w katolickiej doktrynie społecznej, a bez otoczki religijnej także w idealistycznych wyobrażeniach socjalistycznych. Ma cechy utopijności i nie sprawdza się w praktyce. Natomiast koncepcja mechaniczna nadaje państwu rolę organizatora więzi społecznej, który wprowadza powszechny obowiązek współdziałania w interesie wspólnoty i dba o jedność myśli i działań. Potrzebne jest więc państwo silne i scentralizowane, zdolne do zmieniania mentalności społecznej i realizowania w ten sposób „odnowy moralnej". Koncepcja ta znalazła praktyczne rozwinięcie w programach faszystowskich, a w Polsce w programie IV Rzeczypospolitej.

**Doświadczenie socjalistyczne.** Próba zastąpienia kapitalizmu ustrojem sprawiedliwości społecznej, oparta na idei eliminacji dochodów z własności prywatnej, a więc zniesienia gospodarki rynkowej i prywatnego kapitału oraz uczynienia państwa jedynym regulatorem gospodarki, stworzyła ustrój niezdolny do efektywnego działania. Eliminacja rynku zniszczyła system ekonomicznej motywacji ludzkiej pracy, zastępując go przymusem administracyjnym i ideologicznym, co doprowadziło do totalitaryzmu. W praktyce politycznej nastąpiło wyraźne zbliżenie tego ustroju do systemów faszystowskich. Zarówno doświadczenie „realnego socjalizmu", jak i faszystowskie stało się poważnym ostrzeżeniem przed przyznawaniem państwu funkcji organizatora i regulatora życia społecznego.

Jest jednak faktem historycznym, że w sytuacjach poważnych trudności gospodarczych pojawiają się grupy zdesperowane, które oczekują naprawy warunków życia przez narzucenie dyscypliny i torują drogę do władzy potencjalnym dyktatorom.

**Neoliberalizm.** Wadą liberalizmu jako koncepcji ustrojowej jest to, że w swojej wersji neoliberalnej całkowicie zlekceważył negatywne aspekty społeczne działania gospodarki kapitalistycznej i stał się formułą popierania interesów grup najbogatszych, doprowadzając na przełomie XX i XXI w. w skali światowej do gwałtownego wzrostu nierówności społecznych, a w końcu do wielkiego kryzysu. Było to jednak wypaczenie właściwej tradycji liberalizmu, który od początku stawiał wysoko troskę o sprawiedliwość społeczną i powszechny dobrobyt.

**Liberalizm demokratyczny.** Z tradycji liberalizmu demokratycznego zrodziła się m.in. koncepcja społecznej gospodarki rynkowej, w której zawiera się właściwe liberalizmowi pragnienie zapewnienia obywatelom pełnej wolności decyzji i działania, jednakże realizowanej w sposób odpowiedzialny w ramach prawa stanowionego przez demokratyczne państwo. Stanowienie prawa jest jedynym obowiązkiem państwa wobec gospodarki. Procesy gospodarowania są całkowicie pozostawione mechanizmom rynkowym, a pożądane cele społeczne osiąga się przez regulacje instytucjonalne wprowadzane przez państwo.

Liberalizm demokratyczny wytworzył również koncepcję przeciwdziałania negatywnym skutkom swobody rynkowej przez interwencjonizm i państwo opiekuńcze jako formy korygowania rynku i niekorzystnych efektów jego działania w dziedzinie podziału. Idea państwa opiekuńczego została rozwinięta przez myśl socjaldemokratyczną w zwarty system korygowania podziału rynkowego za pomocą świadczeń finansowych państwa, najszerzej zastosowany w krajach skandynawskich. Objęła takie elementy, jak: regulacja rynku pracy, świadczenia emerytalne, zasiłki rodzinne, pomoc edukacyjna oraz różnego rodzaju formy pomocy dla osób i rodzin o niskich dochodach.

Pociągająca w założeniu idea społecznej gospodarki rynkowej nie nadaje się do realizacji w swej formie oryginalnej. Trudno przyjąć, że do skorygowania wad mechanizmu rynkowego wystarczą rozwiązania instytucjonalne, polegające na kształtowaniu reguł gry rynkowej. Ewolucja systemu gospodarki rynkowej, która doprowadziła do dominacji wielkich koncernów transnarodowych oraz do wielkich przemieszczeń działalności gospodarczej w skali międzynarodowej, spowodowała zmianę charakteru konkurencji rynkowej, uczyniła wiedzę podstawowym czynnikiem wytwórczym i nadała kluczowe znaczenie w gospodarce ciągłym procesom innowacyjnym, centrom badawczym i systemom edukacyjnym. Jednocześnie nastąpiła intensyfikacja ekologicznych i społecznych zagrożeń dla przyszłości rodzaju ludzkiego. Idea społecznej gospodarki rynkowej nabiera w tych warunkach cech utopijności. Potrzebna wydaje się więc synteza tej idei z pojęciem państwa opiekuńczego oraz z interwencjonizmem.

**Problem własności.** Z postulatu utrzymywania systemu rynkowego opartego na własności prywatnej nie wynika, że własność prywatna ma być jedyną dopuszczalną formą własności środków produkcji. Chociaż własność państwowa nie może dominować w gospodarce, nie znaczy to, że trzeba ją całkowicie wyeliminować z uczestnictwa w konkurencji rynkowej w takich dziedzinach i przedsiębiorstwach, którym może zapewnić efektywne działanie i korzyści dla budżetu państwa, jak to się dzieje w różnych krajach *par excellence* kapitalistycznych. Ponadto w instytucjonalnym zabezpieczeniu społeczeństwa przed niesprawiedliwościami, wynikającymi z systemu kapitalistycznego, może pomóc zapewnienie pełnoprawności innych form własności, w szczególności spółdzielczej i samorządowej, które sprawdzały się również w Polsce okresu międzywojennego. W ten sposób ustrój gospodarczy otrzymałby kształt wielosektorowy.

**Wnioski.** Systemem ustrojowym potrzebnym współczesnej lewicy jest demokratyczny liberalizm zorientowany na sprawiedliwość społeczną, z gospodarką rynkową współregulowaną przez politykę gospodarczą i społeczną państwa. Nowoczesna lewica powinna więc nawiązać do tych koncepcji liberalizmu demokratycznego i socjaldemokracji, które wyrażają świadome dążenie do korygowania wad systemu rynkowego. Bez rynku nie można zbudować skutecznego systemu motywacyjnego i gospodarki opartej na kreatywności. Istotną cechą takiego systemu rynkowego powinna być wielosektorowość, oznaczająca współistnienie różnych form własności. Mechanizmy rynkowe wymagają jednak aktywnego państwa, korygującego działanie rynku zwłaszcza w sferze podziału, a w pewnym zakresie również w sferze alokacji (np. źródła energii). Choć trzeba zdawać sobie sprawę z tego, że działanie państwa też jest dalekie od doskonałości, nie ma lepszego rozwiązania dla racjonalnego zaspokajania potrzeb społecznych niż kontrolowane przez system demokratyczny i instytucje obywatelskie współdziałanie rynku i państwa.

Potrzebne jest więc nadanie państwu zdolności do realizacji następujących celów:

– zapewnienia systemu prawdziwie demokratycznego, to znaczy nie tylko opartego na rządach reprezentatywnych, lecz także otwartego na to, co nurtuje społeczeństwo, i hołdującego zasadzie pomocniczości;

– zagwarantowania sprawiedliwego podziału, to znaczy nastawienia na likwidowanie biedy i nadmiernych nierówności społecznych oraz dbałości o należyte funkcjonowanie dróg awansu społecznego;

– pełnienia funkcji sprawnego współregulatora gospodarki rynkowej, zdolnego do wspomagania mechanizmu rynkowego w jego funkcjach rozwojowych oraz korygowania jego negatywnego działania. Zwiększona efektywność gospodarowania powinna przynosić rzeczywistą poprawę warunków życia całemu społeczeństwu, a nie tylko pewnym jego grupom;

– realizowania programu inwestycji publicznych w dziedzinach o kluczowym znaczeniu dla gospodarki (np. energetyka, infrastruktura), lecz nieatrakcyjnych dla kapitału prywatnego z powodu zbyt długich okresów opłacalności.

Siła państwa nie ma wyrażać się w gromadzeniu uprawnień władczych, lecz w sprawności decyzyjnej i wykonawczej. Państwo musi też mieć umiejętność wspierania aktywności obywatelskiej, co wymaga bezwzględnego przestrzegania zasad neutralności światopoglądowej i konsekwentnej walki z wszelkimi przejawami nietolerancji i dyskryminacji.

W zglobalizowanym świecie skala problemów do rozwiązania wykracza poza możliwości poszczególnych państw. Powinny więc one przyjąć nastawienie na szeroką współpracę międzynarodową, nakierowaną na określenie i realizację wspólnych celów: obrony warunków życia ludzi przed narastającymi zagrożeniami oraz zapewnienia stopniowej poprawy tych warunków. Cele te powinno się uznać za wyrażające dążenia nowoczesnej lewicy polskiej.

## 4. Założenia strategii rozwoju kraju

**Cele priorytetowe.** Strukturalna modernizacja gospodarki wiąże się z opracowaniem strategii rozwijania gospodarki opartej na wiedzy i budowy społeczeństwa informacyjnego. Nie tylko lewica opowiada się za tym kierunkiem działania. Problem polega na słabości zaplecza badawczo-rozwojowego, na którym ciąży wieloletnie niedofinansowanie nauki, jak też na wielkim zróżnicowaniu jakościowym polskiego systemu edukacyjnego na wszystkich jego szczeblach. W formułowaniu strategii rozwoju niezbędny jest lewicowy sposób myślenia o konieczności wyrównywania szans. Dlatego kluczowym zadaniem w tworzeniu nowego ładu społecznego powinna się stać walka o eliminację biedy. Obecny kryzys, jak również konsekwencje klęsk powodziowych i innych katastrof klimatycznych, mogą zaostrzyć ten problem. Do jego rozwiązania nie wystarczą okazjonalne działania i powrót do wzrostu gospodarczego po wygaśnięciu kryzysu. Niezbędny jest program racjonalnego pokierowania rozwojem kraju.

Przygotowanie takiego programu powinno stać się celem nowoczesnej polskiej lewicy. Tworzony z myślą o budowaniu przyszłości program musi wyrażać interesy młodego pokolenia, ze świadomością tego, że za najważniejsze zbiorowe dążenie generacji wchodzących w życie zawodowe i społeczne należy uważać oczekiwanie pokoleniowego awansu społecznego, otwierającego nowe szanse: edukacyjne, ekonomiczne, społeczne i polityczne. Powinien więc być oparty na idei awansu społecznego młodej generacji.

Lewica nie może dopuścić do petryfikacji opisanej poprzednio sytuacji społecznej, gdyż oznaczałoby to zamknięcie dróg awansu społecznego z warstw najbiedniejszych i utrwalenie się odrębności poziomów i stylów życia, a w rezultacie pogarszanie się jakości zasobów pracy i dalsze słabnięcie więzi społecznej. Podstawowym zadaniem programu wieloletniego powinno być tworzenie warunków dla realizacji zasady równości szans życiowych i zwiększania pionowej ruchliwości społecznej.

**Program wieloletni.** Identyfikacja nierozwiązanych problemów pozwala uznać, że oprócz konieczności priorytetowego potraktowania inwestycji w badania naukowe jako warunku budowania nowoczesnej gospodarki kluczowym kierunkiem działania powinno się stać opracowanie wieloletniego programu walki z biedą i wszelkimi formami wykluczenia społecznego. Powinien on objąć w szczególności następujące dziedziny życia społecznego i gospodarczego:

1. **Tworzenie racjonalnego systemu wydatków socjalnych**, które należy uznać za inwestycje budujące kapitał społeczny; racjonalizacja tych wydatków powinna być oparta na określeniu ich rzeczywiście potrzebnej skali i form oraz objąć likwidację wypaczeń, niesłusznie obciążających budżet państwa (np. finansowanie zaopatrzenia emerytalnego dla rolników z budżetu państwa, brak właściwego dokumentowania dochodów przez płatników podatku ryczałtowego, ubiegających się o świadczenia socjalne, wadliwy system ulg podatkowych na dzieci); ważną potrzebą jest rewizja zasad dostępności i finansowania systemu powszechnej ochrony zdrowia; należy też zadbać o wydatki związane z wychowywaniem dzieci (np. darmowe lub nisko płatne żłobki i przedszkola, dofinansowywanie wyjazdów wakacyjnych młodzieży); w programach opieki społecznej bardzo ważne jest zadbanie o to, aby osoby korzystające z opieki społecznej były należycie traktowane bez narażania na brak szacunku.

2. **Wprowadzenie trwałych zasad regulacji rynku pracy**, których zadaniem powinno być przyczynienie się do zasadniczej redukcji bezrobocia, eliminacji pracy nierejestrowanej oraz wszelkich form dyskryminacji; istotne znaczenie mieć będzie zwiększenie bardzo niskiego poziomu aktywności zawodowej Polaków, który pociąga za sobą wysokie koszty społeczne i utrudnia podnoszenie konkurencyjności; szereg konkretnych problemów wymaga dyskusji (na przykład modna w Unii Europejskiej koncepcja tzw. *flexicurity*, godząca elastyczność rynku pracy z ochroną pracowników); potrzebne jest przyjęcie trwałych zasad kształtowania płac i emerytur, w tym zasady stopniowego zwiększania płacy minimalnej, mającej podstawowe znaczenie dla grup najbiedniejszych.

3. **Wzmocnienie ruchu związkowego** przez modernizację zasad działania i praw związków zawodowych, m.in. zabezpieczenie gospodarki przed utrudniającym wszelkie negocjacje rozproszeniem ruchu związkowego; depolityzacja ruchu związkowego; wzmoc-

nienie w dialogu z partnerami społecznymi instytucjonalnych form ochrony praw pracowniczych oraz zapewnienie zabezpieczeń dla tracących pracę w postaci godziwego zasiłku i realnej pomocy w znalezieniu nowego źródła dochodu; wzmocnienie pozycji pracy w stosunku do pracodawców przez walkę z rozpowszechnioną tendencją do nieprzestrzegania prawa; zapewnienie właściwych form aktywnego udziału pracowników w zarządzaniu zakładami pracy.

**4. Podjęcie walki z zacofaniem edukacyjnym** przez modernizację procesów nauczania na wszystkich poziomach ze szczególnym uwzględnieniem upośledzenia edukacyjnego młodzieży wiejskiej oraz problemu zapewnienia rzeczywistej powszechności dostępu do edukacji i internetyzacji; w procesie edukacji konieczna jest rewolucja programowa w kierunku rozwoju zainteresowań, nauki zdobywania informacji oraz praktycznych umiejętności, a także kształtowania w młodym pokoleniu zrozumienia roli równości społecznej i społecznego zaufania; zapewnienie powszechności dostępu do internetu oraz infrastruktury sportowej i kulturalnej. System edukacji powinien stwarzać warunki dla nadrobienia braków dzieciom pochodzącym ze środowisk dotkniętych biedą i wykluczeniem, a w tym celu zawierać rozwiązania wspierające edukację takiej młodzieży przez stypendia socjalne, na niższych zaś poziomach edukacji różne formy zajęć uzupełniających (np. językowych). Do analizy pozostaje problem roli edukacyjnej jednostek publicznych i niepublicznych z punktu widzenia równej dostępności edukacji.

**5. Polityka wobec zmian demograficznych.** Przygotowanie specjalnych rozwiązań dotyczących nadchodzącej zmiany struktury demograficznej, w tym z jednej strony polityka pronatalistyczna, a z drugiej umocnienie systemu emerytalnego i systemowej troski o ludzi starszych, jak również tworzenie warunków asymilacji imigracji zarobkowej.

**6. Rewizja systemu podatkowego.** Dążenie do likwidowania polaryzacji społeczeństwa oznacza troskę o umacnianie warstwy średniej. Za podstawowe narzędzie zmniejszania dysproporcji dochodowych i majątkowych należy uznać zmianę systemu podatkowego. Powinna ona objąć przede wszystkim odwrót od osłabienia progresji w podatku od dochodów osobistych na rzecz wprowadzenia opodatkowania wyraźnie progresywnego. Kwestia pożądanego stopnia progresji pozostaje dyskusyjna wobec różnicy poglądów co do wpływu progresji na aktywność gospodarczą. Należy też zapewnić odejście od zróżnicowanego traktowania różnych źródeł dochodów, znosząc wszelkie formy przywilejów podatkowych.

**7. Uzdrowienie gospodarki mieszkaniowej** przez zapewnienie przyspieszonego rozwoju budownictwa mieszkaniowego o strukturze dostosowanej do możliwości materialnych szerokich warstw społeczeństwa; eliminacja patologii polegających na budowaniu wydzielonych z otoczenia apartamentowców, wyrzucaniu budownictwa komunalnego na obrzeża miast oraz na budowaniu osiedli bez szkół i przedszkoli.

**8. Umacnianie solidarności społecznej** przez eliminowanie wszelkich form dyskryminacji rasowej, narodowej, wyznaniowej, kulturowej i światopoglądowej; zapewnienie świeckości państwa; zapewnienie postępu w kwestii równouprawnienia kobiet i mężczyzn; szczególna troska o zapewnienie niepełnosprawnym możliwości udziału w życiu społecznym oraz stworzenie warunków umożliwiających aktywność zawodową młodych rodziców przez organizację systemów opieki nad dzieckiem (żłobki, przedszkola, zajęcia pozalekcyjne w szkołach itp.).

JANUSZ REYKOWSKI

## III. JAKOŚĆ DEMOKRACJI[1]

Demokracja rozumiana jest powszechnie jako system polityczny, który ma gwarantować równość i wolność obywateli. Jak pisał Bronisław Baczko: „Nowoczesna demokracja zakłada wypracowanie politycznych i społecznych form współżycia między autonomicznymi, wolnymi jednostkami, o równych uprawnieniach i równej godności"[2]. W celu wypracowania tych form tworzone są demokratyczne instytucje, które mają reprezentować interesy i wartości obywateli, zapewnić efektywną realizację zadań publicznych, gwarantować bezpieczeństwo i prawa obywateli.

Praktyka demokracji realizowanej w naszym kraju, a także w wielu innych, wskazuje, że demokratyczne instytucje spełniają te zadania w sposób wysoce niedoskonały. Jest to powodem, dla którego demokracja w Polsce jest przez wielu obywateli negatywnie oceniana. Znaczna ich część uważa, że wybierane władze niedobrze ich reprezentują, że ich potrzeby, interesy i wartości nie są przez rządzących brane pod uwagę. Wielu stwierdza, że „nie mają na kogo głosować". Nader powszechne jest przekonanie, że zadania publiczne, np. takie jak zapewnienie opieki zdrowotnej, rozwój masowego budownictwa mieszkaniowego, rozwój komunikacji, regulacja działalności gospodarczej i wiele innych, realizowane są nieefektywnie.

Powtarzają się skargi na to, że prawa obywatelskie, a w szczególności prawa do wolności i do sprawiedliwego sądu, nie są należycie zagwarantowane. Wielu obywateli obawia się samowoli państwa,

---

[1] Opracowanie niniejsze opiera się m.in. na materiałach z konferencji pt. *Jakość demokracji w Polsce: O potrzebie naprawy systemu partyjnego*, która odbyła się 22 czerwca 2009 r. w gmachu sejmu. Na konferencji tej, zorganizowanej przez Centrum Politycznych Analiz, główne referaty wygłosili: prof. W. Konarski, prof. J. Raciborski oraz prof. R. Markowski.

[2] B. Baczko, *O demokracji i oświeceniu*, w: E. Chmielewska, J. Jedlicki, A. Rychard (red.), *Ideały nauki i konflikty wartości*, Wydawnictwo IFiS PAN, Warszawa 2005, s. 239.

w tym lekkomyślnego szafowania ich wolnością, majątkiem czy reputacją. Rozpowszechnione jest przekonanie, że aparat sprawiedliwości nie stał się sprawnym i rzetelnym regulatorem życia społecznego i gospodarczego w Polsce. Pewne kategorie obywateli czują się dyskryminowane.

Przyczyn niedoskonałego funkcjonowania mechanizmów demokracji w naszym kraju można upatrywać zarówno w sferze moralno-kulturowej, która ma wpływ na sposób uprawiania polityki demokratycznej, jak i w sferze instytucjonalnej, tj. w tym, jak działają główne instytucje demokratyczne.

## 1. Sfera moralno-kulturowa – sposób uprawiania demokratycznej polityki

Społeczeństwo składa się z wielu grup, klas i kategorii ludzi różniących się pod względem interesów, aspiracji, wartości, światopoglądów. Różnice te są stanem naturalnym. Stanem naturalnym są też konflikty, które na tle tych różnic powstają. Jednym z podstawowych zadań władzy politycznej jest radzenie sobie z tymi konfliktami.

W przeszłości, a także i teraz w politycznie zacofanych krajach, większość konfliktów, w które zaangażowany jest system władzy, rozwiązywana jest przy użyciu siły lub manipulacji (podstępu). Wykorzystuje się formacje wojskowe, policję, służby specjalne, uzbrojone oddziały czy bojówki, zamachowców, organizuje demonstracje, rozruchy, rebelie itp. Natężenie przemocy bywa różne, ale zawsze chodzi o fizyczne unieszkodliwienie przeciwnika, zmuszenie go do uległości lub usunięcie (np. wypędzenie).

### Polityka demokratyczna jako walka

W systemie demokratycznym rola przewagi fizycznej i zakres przemocy fizycznej zostały znacznie zredukowane. W systemie tym konflikty bywają rozwiązywane w walce, ale ta walka toczona jest środkami politycznymi. Jak zauważyła Chantal Mouffe, dzięki demokracji walka między ludźmi przybiera inny niż dawniej charakter. W każdej walce chodzi o pokonanie i zniszczenie przeciwnika, czego ostatecznym wyrazem jest uśmiercenie wroga. Demokracja natomiast tworzy warunki dla toczenia walk, które nie prowadzą do fizycznego unicestwienia – kosztem tych walk nie jest utrata życia lub wolności, można natomiast stracić władzę, pozycję społeczną, reputację, czasami też – środki do życia.

Ujmowanie życia politycznego jako walki ma znaczenie dla sposobu myślenia o instytucjach demokratycznych. Instytucje te – parlamenty, sądy, media, organy samorządowe itp. – traktowane są jako areny tej walki. Reguły i zasady w tych instytucjach obowiązujące określają, jakie formy walki są w demokracji dopuszczalne[3]. Walka polityczna w demokracji toczona bywa rozmaitymi środkami. Do jej arsenału należą takie środki jak przegłosowanie, poddawanie druzgocącej krytyce, publiczne dyskredytowanie, pozbawianie jakichś uprawnień, usuwanie ze stanowisk, przeszkadzanie w rządzeniu itp. Ma ona różny charakter w zależności od tego, jak konflikt polityczny został przez jego uczestników zdefiniowany.

Jeżeli konflikt został zdefiniowany jako antagonistyczny, to walka przybiera bezwzględne czy wręcz brutalne formy. Definicja antagonistyczna opiera się na założeniu, że w społeczeństwie zmagają się ze sobą „siły dobra" reprezentowane przez „naszą stronę" i „siły zła" reprezentowane przez stronę przeciwną. Walkę podejmuje się po to, aby zniszczyć „siły zła", a do tego celu mogą być stosowane nawet bardzo drastyczne środki. Przeciwników bezwzględnie się potępia i politycznie niszczy – służą temu insynuacje, oszczerstwa, prowokacje, fałszywe oskarżenia itp. Zwolenników mobilizuje się hasłami walki czy rozprawy z „wrogimi siłami", wzbudzaniem społecznych antagonizmów, podsycaniem nienawiści. Uczestnicy tej walki nie cofają się niekiedy przed stosowaniem gróźb czy wykorzystywaniem tajnej policji. Można powiedzieć, że walki tego rodzaju toczone są przy użyciu agresywnych strategii politycznych.

Walka przybiera inny charakter, jeżeli konflikt został zdefiniowany w sposób nieantagonistyczny, a więc jego uczestnicy szanują się wzajemnie jako członkowie tej samej wspólnoty politycznej[4]. Takie

---

[3] Politycy, walcząc o władzę, muszą trzymać się reguł obowiązujących w ramach demokratycznych instytucji, w przeciwnym razie grozi im dyskwalifikacja: w Stanach Zjednoczonych przydarzyło się to Richardowi Nixonowi, który złamał reguły demokratycznej walki o władzę. W Polsce i w innych krajach demokratycznych zdarzały się przypadki dyskwalifikacji polityków, którzy w walce o władzę posługiwali się przekupstwem.

[4] Symbolicznym wyrazem takiej relacji jest stosowana w angielskim systemie parlamentarnym formuła „opozycji Jej Królewskiej Mości".

założenie ogranicza intensywność toczonej walki i jej niszczycielski wpływ na otoczenie. Jej główną formą jest polityczna krytyka, spór, mobilizowanie stronników, a celem – uzyskanie większości w organach władzy. Uczestnicy walki politycznej skłonni są do przestrzegania zasad *fair play.*

Konflikty polityczne i związana z nimi walka są nieodłączną cechą demokracji, ale wcale nie jest oczywiste, że jest to jedyny czy najlepszy sposób radzenia sobie z różnicami interesów i wartości, jakie w życiu społecznym występują. Polityka demokratyczna może być realizowana także w inny sposób.

## Rola rywalizacji politycznej

Bardzo ważnym instrumentem demokracji jest rywalizacja polityczna. W doświadczeniu społecznym nie zawsze wyraźnie odróżnia się ją od walki politycznej. W walce chodzi o zadanie przeciwnikowi ciosów, aby go osłabić i zyskać w ten sposób przewagę. Rywalizacja jest czymś zupełnie innym – chodzi w niej o to, aby zrobić coś lepiej niż konkurent.

Rywalizacja występuje w różnych dziedzinach życia, np. w sporcie można rywalizować o to, kto szybciej pobiegnie, dalej skoczy, wytrzyma większe obciążenie; w nauce – kto więcej wniesie do wiedzy; w działalności gospodarczej – kto będzie dostarczał produkty lepszej jakości, bardziej nowoczesne, tańsze itp. O rywalizacji politycznej można mówić wtedy, gdy politycy czy ugrupowania polityczne starają się prześcignąć konkurentów pod względem jakości projektów dotyczących spraw państwa i społeczeństwa oraz umiejętności ich realizacji, a więc sprawności rządzenia.

W polskiej polityce można spotkać próby wprowadzania zasad rywalizacji jako formy życia politycznego. Postulaty traktowania rywalizacji programowej jako głównej formy demokratycznej polityki nasiliły się po tragedii smoleńskiej.

## Dialog jako sposób uprawiania demokratycznej polityki

Problemy polityczne mogą być rozwiązywane dzięki uzgadnianiu interesów i stanowisk, czyli osiąganiu porozumień w drodze dialogu społecznego. Dialog może przybierać różne formy: może polegać na **negocjowaniu** rozbieżnych interesów, może być **debatą**, czyli konfrontacją rozbieżnych stanowisk i sporem na argumenty, może też przyjąć formę „wspólnego namysłu" nad zadaniem, czyli **deliberacji**.

Negocjowanie opiera się na założeniu, że interesy stron są rozbieżne, ale wzajemnie respektowane. Chodzi o to, aby znaleźć rozwiązania korzystne dla obu stron. Oczywiście, każda ze stron troszczy się bardziej o swój niż cudzy interes, ale respekt dla interesu drugiej strony powstrzymuje przed działaniami, które tamtej mogłyby wyrządzić poważną szkodę.

Negocjacyjne rozwiązywanie problemów utożsamia się nieraz z zawieraniem kompromisów opartych na wzajemnych ustępstwach. Wynikiem negocjacji może być jednak nie tylko kompromis, lecz także rozwiązanie, które zadowala obie strony. Dzieje się tak wtedy, gdy każda ze stron „ofiarowuje" drugiej to, na czym jej samej mniej zależy, a otrzymuje to, na czym zależy jej bardziej. Przykładem takiej sytuacji jest projekt „ziemia za pokój" rozważany w toku negocjacji izraelsko-palestyńskich. Izrael, który chciałby doprowadzić do pokoju z Palestyńczykami, miałby przekazać im pewne należące do nich tereny, co umożliwiłoby utworzenie geograficznie jednolitego państwa palestyńskiego. Tereny te dla Izraela mają stosunkowo małą wartość, natomiast są bardzo ważne dla Palestyńczyków[5].

Celem dialogu, który ma charakter negocjacji, jest na ogół uzgodnienie (przynajmniej do pewnego stopnia) rozbieżnych czy sprzecznych interesów. Dialog może przybierać też formę debaty, w trakcie której przeciwstawiane są odmienne stanowiska, odmienne cele, a uczestnicy starają się wykazać, że racje praktyczne czy moralne są po ich stronie, toczą więc polityczny spór.

Dialog przybrać może inny charakter, jeśli jego uczestnicy potrafią dostrzec, że mają do rozwiązania wspólny problem czy też muszą zrealizować wspólne zadanie; jeżeli uświadomią sobie, że chodzi o dobro publiczne wyższego rzędu. Wtedy może się okazać, że wspólny problem czy zadanie staną się dla nich ważniejsze niż ich interes polityczny. Taka sytuacja uruchamia w ludziach gotowość do kolektywnego namysłu nad problemem, czyli nastawienie deliberatywne. Stronom nie chodzi wtedy o to, aby uzyskać więcej niż drudzy, ale o to, aby interes publiczny był jak najlepiej zrealizowany.

---

[5] To, że porozumienie takie dotychczas nie zostało zawarte, wynika z faktu, iż między stronami występują też inne sprzeczności, których nie potrafią one rozwiązać.

Badacze polityki opisali wiele przykładów pojawiania się takiego
nastawienia wśród polityków[6]. Można je było zaobserwować także w polskiej polityce. Niektórzy uczestnicy obrad Okrągłego Stołu
stwierdzają, że w trakcie tych obrad zdarzały się sytuacje, gdy obie
strony przyjmowały „perspektywę wspólnego zadania", zastanawia-
jąc się razem nad najlepszymi w danej sytuacji sposobami reformowania kraju. Panuje też opinia, że w pierwszych latach III RP
główne problemy polityki zagranicznej rozwiązywane były w trybie
„wspólnego zadania", a nie w trybie walki konkurencyjnej między
partiami. Podobnie mówi się o funkcjonowaniu tzw. sejmu kontrak-
towego.

## Demokracja adwersaryjna

W Polsce idea dialogu jako sposobu rozwiązywania konfliktów
społecznych i politycznych nie cieszy się popularnością. Dość powszechnie uważa się, że właściwym zachowaniem w sytuacjach
konfliktowych jest podejmowanie walki. Ten, kto w walce osiąga
przewagę, może zrealizować swoje interesy, obronić wartości, na-
rzucić swój punkt widzenia. Zgodnie z tym poglądem politykę demokratyczną sprowadza się do walki o zdobycie większości, dzięki której posiada się prawo do uzyskiwania odpowiednich korzyści
– materialnych, politycznych i symbolicznych, a więc prawo do
przejęcia „politycznych łupów" dla siebie, dla własnej formacji,
dla własnego elektoratu. To **adwersaryjna koncepcja demokracji**,
w której niewiele jest miejsca dla autentycznej rywalizacji programowej i poszukiwania porozumień w drodze dialogu (lub nie ma go
wcale).

Rywalizacja polityczna przybiera wtedy formy pozorne. Jej
uczestnicy zamiast na zadaniach rzeczywistych – na ulepszaniu życia publicznego – skupiają się głównie na przekonywaniu obywateli, że mają lepsze pomysły, że lepiej się przygotowali do swych
zadań niż konkurenci. Temu ma służyć polityczna propaganda, polityczny marketing bądź różne działania perswazyjne. Jest to pseudo-
rywalizacja. Nieraz też przekształca się w walkę, kiedy konkurenci
i ich zwolennicy zaczynają się skupiać nie na coraz lepszym wyko-
nywaniu własnych zadań, lecz na mniej lub bardziej ukrytym szko-

---

[6] Opisuje je m.in. znany amerykański profesor prawa Cass Sunstein.

dzeniu konkurentowi – np. przez rozpowszechnianie o nim fałszywych i oszczerczych informacji czy szukanie nań „haków"[7].

Negocjacje przestają służyć poszukiwaniu korzystnych dla obu stron rozwiązań, stają się zaś okazją do atakowania przeciwnika. Każda ze stron, myśląc wyłącznie o własnych interesach, stara się zmusić drugą stronę do ustępstw albo wyprowadzić ją w pole. W proces negocjacyjny zaczynają być włączane „techniki walki" – manipulacja, nacisk, groźby, oskarżenia, stosowanie weta itp., czyli strategie agresywne. Podobne zjawiska występują i w innych formach dialogu. Debata polityczna zamiast wymiany argumentów jest wymianą zarzutów, oskarżeń, impertynencji. Jej uczestnicy skupiają się na tym, aby wykazać, iż stanowisko strony przeciwnej jest bezsensowne, szkodliwe, moralnie ułomne. Celem takiej debaty jest pognębienie czy skompromitowanie przeciwnika, zamienia się ona w pseudodialog.

## Adwersaryjne rozumienie demokracji a jakość demokratycznej polityki

Ujmowanie demokratycznej polityki wyłącznie czy głównie w kategoriach walki o władzę, a więc adwersaryjne rozumienie demokracji, wywiera istotny wpływ na różne aspekty życia społeczno-politycznego, w szczególności na jakość rządzenia.

**Wpływ na dobór kadr w systemie władzy.** Rządzenie nowoczesnym państwem wymaga rozwiązywania zadań o bardzo dużym stopniu trudności. Do ich dobrego wykonywania niezbędne jest posiadanie bardzo wysokich kompetencji umysłowych, szerokiej wiedzy, pewnych szczególnych walorów moralnych i charakterologicznych. Walka polityczna toczona w demokratycznym otoczeniu wymaga innych walorów. Ważne są takie cechy jak bezwzględna lojalność wobec partii i jej przywództwa (czy przywódcy), posłuszeństwo, elokwencja w publicznych sporach, umiejętności stanowczego i bezwzględnego zwalczania przeciwników itp. Cechy te nie muszą korelować z wybitnymi walorami umysłu, znajomością rzeczy, umiejętnością zarządzania i innymi zaletami ważnymi dla efektywnego realizowania zadań państwowych.

---

[7] Przykładem słynny „dziadek z Wehrmachtu" lub fałszywe oskarżenie Włodzimierza Cimoszewicza w trakcie kampanii prezydenckiej w 2005 roku.

Tam, gdzie wymogi walki politycznej uzyskują priorytet w stosunku do wymogów merytorycznych, podstawą rekrutacji kadr na stanowiska państwowe nie są odpowiednie kompetencje. Z wymogów tej walki wynika konieczność wyróżniania „swoich", a przede wszystkim tych, którzy w takiej walce mogą okazać się najbardziej przydatni[8]. W rezultacie okazuje się, że ugrupowania polityczne – zarówno te, które zdobywają władzę, jak i te, które pozostają w opozycji – muszą troszczyć się przede wszystkim o to, aby zbudować drużynę składającą się z „lojalnych bojowników", a nie z fachowców przygotowanych do realizacji zadań państwowych. Nie ma miejsca dla odpowiednio wykształconej, apolitycznej służby cywilnej.

Widać to w naszym kraju – wśród polityków, którzy dali się publicznie poznać, łatwo dostrzec osoby, które dobrze radzą sobie w publicznych kłótniach i sporach i wiernie trzymają się linii wytyczonej przez przywódców partii. Dużo rzadziej spotyka się specjalistów wysokiej klasy, sprawnych organizatorów, wybitnych menedżerów.

**Wpływ na jakość podejmowanych przez władze decyzji.** Ludzie odpowiedzialni za te decyzje, zarówno ci, którzy aktualnie rządzą, jak i ci, którzy będąc w opozycji, te decyzje oceniają, muszą troszczyć się nie tylko czy nie tyle o ich wartość merytoryczną, lecz także, a często przede wszystkim, o ich polityczne znaczenie, o to, czy wzmacniają, czy osłabiają pozycję własną i własnego ugrupowania. Nie mogą też poświęcać zadaniom publicznym należytej uwagi, ponieważ pochłonięci są walką z przeciwnikami politycznymi. Interes publiczny schodzi na drugi plan[9].

**Wpływ na stosunki społeczne.** W walce politycznej liczy się przede wszystkim układ sił. Dlatego interesy tych odłamów społeczeństwa, które nie mają dostatecznie dużej „siły przebicia" – grup społecznie słabszych – niewiele się liczą. Przewagę zdobywają na-

---

[8] Rządy, które sprawowały władzę w Polsce w ciągu ostatnich dwudziestu lat, różniły się tendencją do „upartyjnienia państwa", czyli do obsadzania ważnych stanowisk w państwie osobami należącymi do własnego obozu politycznego. Jak się wydaje, przejawy tej tendencji były nieco słabsze w okresie rządów lewicowych niż prawicowych.

[9] Różni obserwatorzy życia publicznego w Stanach Zjednoczonych zauważają, że od pewnego czasu życie polityczne jest w coraz większym stopniu podporządkowane regułom politycznej rywalizacji przekształcającej się niekiedy w „bezpardonową walkę".

tomiast grupy najsilniejsze pod względem ekonomicznym, liczne i/lub dobrze zorganizowane oraz te, które kontrolują środki masowego komunikowania się, a więc mają wpływ na kształtowanie obrazu świata. **Wpływ na klimat społeczny.** Intensywna walka polityczna przyczynia się do wzrostu antagonizmów społecznych. Pośredniczą w tym media, które nie tylko transmitują przebieg walk, lecz także starają się je podsycać, wykazując większe zainteresowanie konfliktami osób czy grup niż konfliktami racji. Ważniejsze jest „kto kogo" niż „co". Media same stają się uczestnikiem konfliktów (i w pewnym stopniu ich beneficjentem). **Potencjalne zagrożenia.** Walki polityczne, które toczone są w Polsce, nie przekraczają, jak dotąd, ram stworzonych przez instytucje polityczne. Wszakże eskalacja konfliktów może prowadzić do przekraczania takich ram. Pojedyncze przejawy tego zjawiska już u nas występowały. Chyba szczególnie jaskrawym ich przykładem jest afera zorganizowana wobec Barbary Blidy, zakończona jej tragiczną śmiercią, a także przypadek wyeliminowania Włodzimierza Cimoszewicza z walki o prezydenturę. Możliwość przekraczania granic dopuszczalnej w demokracji walki zwiększa się w sytuacjach kryzysowych, w miarę tego jak wzrasta proporcja obywateli, którzy czują się pokrzywdzeni przez system. Stopień tego zagrożenia jest większy, jeżeli konflikty definiowane są w kategoriach antagonistycznych, a ideologia bezwzględnej walki staje się znaczącym elementem kultury politycznej. Największym (ale nie jedynym) promotorem tej kultury w naszym kraju jest partia PiS. Także w innych partiach politycznych nie brakuje ludzi, którzy swą filozofię polityczną opierają na wyobrażaniu wroga, widząc go nawet wśród własnych współtowarzyszy.

## Poprawa jakości demokracji wymaga zmiany kultury politycznej

Pogląd, że demokracja to cywilizowana forma walki o władzę, ma gorliwych obrońców, którzy go usprawiedliwiają i racjonalizują. Obrońcy ci głoszą, że rywalizacja i walka międzypartyjna jest ważnym mechanizmem kontroli nad poczynaniami władzy, a także zabezpiecza przed jednostronnością podejmowanych decyzji. Zgodnie więc z tym sposobem myślenia ustrój ten jest w istocie systemem reguł walki politycznej, a system może dobrze służyć społeczeństwu, jeśli reguły walki są przestrzegane. Do najważniejszych reguł należy zakaz stosowania środków przemocy, a także zapewnienie warunków, aby władza nie pozostawała zbyt długo w jednych rękach. Takie traktowanie polityki demokratycznej, a więc adwersaryjne ujęcie demokracji, jest w Polsce bardzo rozpowszechnione. Tak myśli wielu polityków, obserwatorów politycznych i zwykłych obywateli. Wytwarza ono określony typ kultury politycznej.

Jedną z podstawowych przesłanek naprawy życia politycznego jest zmiana kultury demokratycznej i w następstwie zmiana sposobów uprawiania polityki. Chodzi więc o to, aby przezwyciężyć przekonanie, że polityka demokratyczna to swoista forma gier i walk politycznych. Choć walka polityczna jest jej nieusuwalnym składnikiem, bardzo ważne jej elementy stanowią uczciwie prowadzona demokratyczna rywalizacja programowa i osiąganie porozumień w drodze społecznego dialogu, w tym także dialogu o charakterze deliberatywnym.

Szczególnie ważne jest upowszechnienie dialogu, ponieważ właśnie dzięki niemu znacznie zwiększa się szansa, iż decyzje polityczne będą mogły lepiej uwzględniać potrzeby i preferencje różnych grup obywateli. Powinno to się przyczyniać do zmniejszania przejawów poczucia wyobcowania i niezadowolenia z demokracji.

Ideę dialogu opiera się na założeniu, że nie stanowi on zderzenia sił, lecz zderzenie racji. Ale nie jest on pozbawiony niebezpieczeństw. Główne niebezpieczeństwo to możliwość wykorzystywania przewagi przez stronę, która ma wyższe kompetencje intelektualne czy też lepiej opanowała warsztat debaty. Strona taka może narzucać swoją perspektywę tym, którzy znaleźli się na słabszej pozycji. Aby temu zapobiegać, konieczne jest tworzenie instytucji zapewniających równość stron (np. gwarantujących wsparcie stronie do dialogu gorzej przygotowanej).

Wszystko to nie znaczy, że demokratyczna polityka może być pozbawiona elementów walki. Wszakże można dążyć do tworzenia takiej kultury politycznej, która stara się eliminować czy redukować agresywne strategie walk politycznych.

Przedstawiane tu podejście do poprawy jakości demokracji odwołuje się do tych elementów lewicowego etosu, które zawierają założenie, iż ludzie oprócz potrzeby rywalizacji i dominacji silnie odczuwają też potrzebę współpracy, solidarności i inne prospołeczne tendencje. Instytucje polityczne powinny być tworzone w taki sposób, aby te potrzeby aktywizować i wzmacniać[10].

## 2. Funkcjonowanie głównych instytucji demokratycznych

Poprawa jakości demokratycznej polityki wymaga dokonania odpowiednich zmian w systemie instytucji, w szczególności tych, które odgrywają w demokracji kluczową rolę: mechanizmu wyborczego (dzięki któremu konstytuuje się demokratyczna władza), systemu partyjnego (ponieważ od niego zależy ukształtowanie organów przedstawicielskich i sposób funkcjonowania władzy) oraz instytucji wymiaru sprawiedliwości (gdyż decydują o tym, w jakim stopniu demokracja jest w rzeczywistości państwem prawa).

### Mechanizm wyborczy

W założeniu demokratyczne wybory mają doprowadzić do wyłonienia większości, która na tej drodze uzyskuje legalną władzę. Zwycięskie partie wyrażają zatem interesy i potrzeby największej części społeczeństwa, a te, które znalazły się w opozycji, reprezentują stanowiska mniejszości. W toku prac organów przedstawicielskich ścierają się stanowiska większości i mniejszości, co ma doprowadzić do wypracowania polityki mającej służyć społeczeństwu jako całości, a nie tylko jego politycznie dominującej części.

W praktyce proces ten ulega różnym deformacjom. Jednym z ważnych powodów deformacji jest fakt, że mechanizm wyborczy zależy w dużym stopniu od takich czynników, jak finanse, umiejętności marketingowe, postawa mediów, opinie publicznych autorytetów itp. Wskutek tego w demokracji władza polityczna może dostawać się w ręce silniejszych i bardziej przedsiębiorczych grup, a przede wszystkim takich, które potrafią skutecznie „uwodzić" wyborców. Z reguły są to grupy posiadające duży potencjał materialny i znaczne oparcie w mediach. To one dyktują dominujący dyskurs i priorytety władzy. Grupy te są w stanie nawet przez dość długi

---

[10] Należy zaznaczyć, że duża część dawnej lewicy ujmowała życie społeczne w kategoriach adwersaryjnych i uznawała walkę za główny instrument polityki. Strategie agresywne były wśród niej bardzo popularne. Sądzę, że we współczesnych krajach demokratycznych to podejście wymaga rewizji.

czas realizować politykę, która najlepiej służy im samym lub ich politycznemu zapleczu. Wtedy właśnie w różnych odłamach społeczeństwa może rozwijać się poczucie alienacji i marginalizacji. Z takimi zjawiskami mamy także do czynienia w Polsce. Podobnie jak w wielu innych krajach demokratycznych bardzo duży wpływ na władzę zdobywają grupy najsilniejsze – materialnie, ideologicznie, organizacyjnie. Są to grupy, dla których postulaty obniżania podatków, zmniejszania świadczeń socjalnych, ograniczania regulacyjnych funkcji państwa, prywatyzacji usług publicznych to ważne cele polityki. Grupy te w znacznej części opierają się na prawicowo-liberalnej filozofii życia społecznego, a „antykomunizm" traktują jako oficjalną ideologię. Należą do nich przede wszystkim środowiska związane z dużymi organizacjami gospodarczymi, wpływowe media, a także rzesze przedsiębiorców, menedżerów i innych przedstawicieli klasy średniej. Są tu też niektóre ośrodki akademickie oraz liczne grupy młodzieży – przede wszystkim te, które żywią przekonanie, że wolny rynek i liberalna gospodarka to warunki ich życiowego awansu. Grupy społeczne, które z tego rodzaju postulatami się nie solidaryzują, wykazują mniejszy lub większy dystans wobec systemu politycznego. Jednym z przejawów tego dystansu jest niska frekwencja wyborcza.

Dość powszechna jest świadomość, że demokracja staje się ułomna, jeżeli wielka część obywateli nie spełnia nawet tak podstawowego obowiązku obywatelskiego jak udział w wyborach. Za przyczynę tego stanu rzeczy można uważać brak dostatecznie silnej więzi między wyborcami a ich reprezentantami. Brak tej więzi sprawia, że klasa polityczna wyodrębnia się, odrywając od reszty społeczeństwa. Dlatego, zdaniem krytyków, rządzący mogą prowadzić politykę, która lepiej służy im samym oraz ich bezpośredniemu zapleczu politycznemu i ekonomicznemu niż szerszym społecznym potrzebom.

Pojawiają się projekty poprawy tego stanu rzeczy. Jednym z często przywoływanych jest idea zmiany ordynacji wyborczej z proporcjonalnej na większościową.

Z pozoru ordynacja większościowa zwiększa zależność kandydata od wyborcy, a tym samym sprzyja budowaniu bliższej więzi między wyborcami a ich reprezentantami. Jednakże bliższe zapoznanie się z charakterem takiej ordynacji podważa przekonanie o jej skuteczności w tym zakresie.

Przede wszystkim należy zauważyć, iż ordynacja większościowa do Senatu RP nie sprawiła, że kontakt senatorów z wyborcami stał się lepszy niż kontakt posłów, natomiast ograniczyła ona dostęp do tego organu znaczących mniejszości. Znaczy to, że może ona ułatwiać rządzenie, zwycięska partia ma bowiem duże szanse uzyskania bezwzględnej większości. Może się też okazać szczególnie korzystna dla najsilniejszych grup społecznych, gdyż mają one największe szanse zdobycia wyborczej przewagi. Grozi to tworzeniem „dyktatury większości" i wykluczeniem mniejszości. Praktyka innych krajów, np. Stanów Zjednoczonych, zdaje się potwierdzać, że system większościowy bardzo uzależnia kandydata od wyborców. W szczególności jednak uzależnia go od tych wyborców, którzy dzięki posiadanym zasobom finansowym pomogli mu w wyborze[11]. Innymi słowy, ordynacja ta może zwiększyć wpływ na władzę elit finansowych i korporacji (por. perypetie planów reformy opieki zdrowotnej Clintona i Obamy).

Ordynacja większościowa może ułatwiać wyłanianie rządu i rządzenie, ponieważ sprzyja powstawaniu większości parlamentarnej zdolnej do samodzielnego rządzenia bez konieczności formowania koalicji[12], ale pogarsza zdolność instytucji przedstawicielskich do reprezentowania obywateli, wykluczając z nich słabsze nurty lub bardzo ograniczając ich znaczenie[13].

Rozważając z lewicowej perspektywy kierunki poprawy mechanizmu wyborczego, trzeba mieć na względzie w szczególności następujące cele:

– ochronę tego mechanizmu przed nadmiernym wpływem silnych, finansowo dominujących grup. Wymaga to ograniczania możliwości finansowania kampanii wyborczych ze środków prywatnych, zapewnienia zaś środków publicznych;

---

[11] Przykładem tego zjawiska jest opisany niedawno przez „New York Times" przypadek senatora Liebermana. Ten niezależny senator (wystąpił z Partii Demokratycznej) odgrywał istotną rolę w blokowaniu reformy służby zdrowia, nie zgadzając się na rozwiązania, które zagrażają interesom pewnych firm farmaceutycznych. Jak stwierdził „NYT", otrzymał on od tych firm ponad milion dolarów na swą kampanię wyborczą.

[12] Nie zawsze jednak, jak to się właśnie okazało w Wielkiej Brytanii.

[13] Czego ordynacja angielska jest najlepszym przykładem.

- wprowadzenie doń takich rozwiązań, które mogą sprzyjać przezwyciężaniu zjawisk politycznego wykluczenia – jednym z takich instrumentów jest parytet płci[14];
- tworzenie warunków sprzyjających temu, by kampanie były przede wszystkim okazją do rywalizacji programowej, a nie do niszczenia przeciwników. Wymaga to odpowiednich zapisów dotyczących warunków otrzymywania pomocy publicznej, stosowanych regulacji prawnych (czy usprawnienia już istniejących) ograniczających możliwość posługiwania się w kampanii takimi środkami jak kłamstwo i oszczerstwo. Siły polityczne, którym zależy na poprawie jakości demokracji, powinny eliminować tego rodzaju metody ze swego repertuaru środków walki politycznej;
- ograniczenie kontroli nad procesem doboru kandydatów przez wąskie partyjne oligarchie. Służyć temu może upowszechnienie praktyki prawyborów;
- zmianę ordynacji wyborczej na taką, która stwarza wyborcy większą możliwość wpływu na rezultaty wyborów. Możliwość taką daje tzw. ordynacja mieszana.

Przygotowanie odpowiednich projektów konkretyzujących zarysowane tam zmiany powinno stać się jednym z celów programowych lewicy.

## System partyjny

System partyjny odgrywa w demokracji kluczową rolę.

Partie **konstruują system władzy** w państwie (przede wszystkim centralnej, ale nie tylko). Muszą więc **przygotowywać kadry** do zadań państwowych oraz **opracować programy**, na których podstawie te zadania mają realizować.

Partie **spełniają funkcję pośredniczącą** między systemem władzy a obywatelami. Muszą więc **wyrażać i reprezentować dąże-**

---

[14] Jednym z rozpowszechnionych argumentów przeciw parytetowi płci jest twierdzenie, że wprowadza on inną niż kompetencje zasadę doboru kandydatów na listy wyborcze. Argument ten opiera się na mylnym założeniu, że to właśnie kompetencje są podstawą konstruowania list wyborczych. W rzeczywistości bardzo ważnym kryterium uwzględnianym dotąd jest obecność w reprezentacji parlamentarnej przedstawicieli różnych grup społecznych. Troska, aby w tej reprezentacji znajdowali się przedstawiciele grup z różnych powodów pozostających w sytuacji politycznego upośledzenia, jest więc z perspektywy lewicowej, jak najbardziej uzasadniona.

nia różnych grup społecznych, a zarazem **przekonywać społeczeństwo do programów**, dzięki którym owe dążenia można realizować w sposób optymalny.

Aby realizować stawiane sobie cele, partie muszą **dążyć do zdobycia władzy** lub wpływu na władzę, uzyskując poparcie wyborców, konkurując i walcząc z innymi partiami, a także wchodząc z nimi w porozumienia.

Według nader powszechnego przekonania system partyjny w Polsce działa niezadowalająco. Partie koncentrują niemal całą swoją uwagę na walce o władzę – o jej zdobycie, utrzymanie czy poszerzenie, a pozostałe swe zadania podporządkowują temu właśnie celowi, a zatem:

– nie podejmują zorganizowanych, systematycznych wysiłków w celu przygotowania kadr posiadających odpowiednie kompetencje do rządzenia państwem. Troszczą się raczej o to, aby skompletować drużynę wiernych i skutecznych realizatorów woli partyjnego kierownictwa;

– nie inicjują poważnych prac programowych mających doprowadzić do sformułowania celów polityki, które partia rzeczywiście podejmuje się realizować. Zamiast tego starają się znaleźć chwytliwe hasła, które mogą spodobać się potencjalnym wyborcom[15];

– w bardzo uproszczony sposób podchodzą do roli reprezentanta potrzeb i dążeń obywateli – swoich aktualnych lub potencjalnych wyborców. Wiedzę o wyborcach czerpią w znacznej części z sondaży, z rzadko organizowanych spotkań z wyborcami (głównie w trakcie kampanii) oraz z okazjonalnych spotkań i opinii swego otoczenia;

– nie prowadzą odpowiednio zaprogramowanych kampanii w celu przekonywania obywateli do pewnych ważnych celów publicznych, więcej wysiłku poświęcają uprawianiu partyjnej propagandy, w której chodzi o to, aby zdezawuować programy konkurentów i kreować pozytywne skojarzenia z obrazem własnej partii.

Słabość systemu partyjnego przyczynia się do obniżenia jakości demokracji w Polsce, dlatego niezbędne są jego przekształcenia.

Chodzi o to, aby partia polityczna inspirowała poważne prace programowe zgodne z jej ideologicznymi wartościami, tworząc odpowiednie think tanki (tak jak to się dzieje w Parlamencie

---

¹⁵ Na przykład hasło „trzech milionów mieszkań", „drugiej Irlandii" itp.

Europejskim), a także by prowadziła systematyczną pracę nastawioną na przygotowanie kadr do funkcji kierowniczych w administracji rządowej i samorządowej. Przygotowanie takie może polegać np. na tworzeniu grup problemowych, które systematycznie analizują poszczególne dziedziny życia społecznego, a także zapoznają się z doświadczeniami partii w innych krajach (również przez zagraniczne wyjazdy stażowe). Można też kierować dobrze zapowiadających się młodszych współpracowników na odpowiednio dobrane studia podyplomowe, organizować seminaria poświęcone dyskusji nad różnymi praktykami rządzenia i przyczynami niepowodzeń w realizacji podejmowanych w przeszłości przedsięwzięć (własnych i cudzych) itp. Przygotowanie zaplecza kadrowego partii powinno obejmować również systematyczną współpracę z wybitnymi specjalistami z różnych dziedzin – zamawianie u nich ekspertyz, wysłuchiwanie opinii. Prowadząc taką politykę, partia ma szanse dobrego wywiązania się ze swoich zadań, kiedy staje przed koniecznością podjęcia odpowiedzialności czy współodpowiedzialności za państwo.

Partia polityczna powinna również doskonalić sposoby komunikowania się ze społeczeństwem, wykorzystując takie środki jak internet, pogłębione analizy procesów społecznych, systematyczne spotkania terenowe z przedstawicielami różnych grup społecznych, debaty z reprezentacjami różnych organizacji zawodowych i ruchów społecznych. Wymaga to także rozwijania umiejętności współpracy z mediami[16].

Celem tych wszystkich przekształceń powinna być zmiana charakteru partii, tak by stawała się czymś znacznie więcej niż ugrupowaniem ludzi, którzy deklarując lepiej lub gorzej sprecyzowane cele ideologiczne, dążą do zdobycia poparcia wyborców i pokonania swych przeciwników politycznych. Partia, która ma dobrze spełniać swoje obowiązki wobec społeczeństwa, powinna stawać się środowiskiem, w którym toczy się intensywne życie umysłowe – działalność programowa i kształcąca. Ambicją lewicy powinno być dążenie do tego, aby stawać się liderem tych przekształceń.

Zmiany sposobu funkcjonowania partii wymagają inicjatyw jej kierownictwa i aktywistów, ale wymagają także pewnych warun-

---

[16] Politycy narzekają nieraz na to, że nie mają dostępu do mediów. Wtedy zaś, gdy go mają, nie starają się o to, aby przedstawić obywatelom jakiś ważny problem i sposoby jego rozwiązania, ale koncentrują się na ataku na swych przeciwników politycznych.

ków zewnętrznych. Jednym z głównych czynników są zasady finansowania partii. Zasady te należałoby tak skonstruować, aby wymuszały one skierowanie głównych wysiłków partii na realizację ich zobowiązań wobec systemu demokratycznego.

W niektórych środowiskach prawicowych popularny jest postulat zniesienia finansowania partii ze środków publicznych. Jego autorzy zapewne dobrze zdają sobie sprawę z tego, że jest to postulat populistyczny, stwarza bowiem pozory troski o interes publiczny (ma rzekomo chronić budżet państwa przed „partyjnymi darmozjadami"). W rzeczywistości jego realizacja, uzależniając partie od prywatnych źródeł finansowania, dawałaby zdecydowaną przewagę tym partiom, które gotowe są służyć wielkim interesom ekonomicznym. Rozwiązanie takie stawia w dużo gorszej pozycji partie nastawione na obronę grup upośledzonych. Ponadto uzależnienie od prywatnego finansowania znacznie ogranicza możliwość stawiania partiom warunków co do sposobu wydatkowania posiadanych przez nie funduszy, a więc w zasadzie likwiduje instrument, który mógłby posłużyć do poprawy systemu partyjnego.

Partie lewicowe, dążąc do poprawy jakości demokracji, powinny opowiadać się za takimi regulacjami, które mogą przyczyniać się do ulepszania życia partyjnego.

## Instytucje wymiaru sprawiedliwości

Instytucje wymiaru sprawiedliwości to w demokracji tzw. trzecia władza. Doświadczenia ostatnich lat ujawniły, że instytucje te są jednym ze słabszych ogniw infrastruktury polskiej demokracji. Potrzeba ich poprawy jest dość powszechnie dostrzegana.

Przede wszystkim poprawy wymaga sprawność ich działania. Zbiegają się tu kwestie prawne (charakter obowiązujących procedur), organizacyjne (sposób organizowania pracy w sądach, prokuraturach i system zarządzania nimi) oraz finansowe (wyposażenie w nowoczesny sprzęt, poziom zatrudnienia personelu pomocniczego i jego jakość).

Poprawy wymaga także sposób egzekwowania odpowiedzialności za podejmowane decyzje. Opinia publiczna jest zaniepokojona przypadkami lekkomyślnego szafowania wolnością, majątkiem czy reputacją obywateli bądź lekceważenia zagrożeń dla ich bezpieczeństwa i praw, jakie zdarzały się wśród funkcjonariuszy tego aparatu, i wiąże to z brakiem odpowiednich mechanizmów egzekwowania odpowiedzialności. Chodzi tu nie tylko o odpowiedzialność instytucjonalną czy korporacyjną, lecz także o odpowiedzialność wobec społeczeństwa. Trzeci obszar dotyczy jakości i skuteczności działań. Jakość i skuteczność działań tego aparatu zależy w dużym stopniu od jakości kadry oraz od zabezpieczenia jej przed ingerencjami politycznymi, przed możliwością wykorzystania potencjału tego aparatu przez rządzące siły polityczne[17], a także przed oddziaływaniami grup interesów i przed pokusami korupcyjnymi.

Część obywateli, a także część prawicowych polityków zakłada, że działania w sferze wymiaru sprawiedliwości będą bardziej skuteczne, jeżeli poszerzy się uprawnienia aparatu ścigania i zwiększy represyjność systemu. Jest to wysoce uproszczone i nieadekwatne ujęcie tego problemu. Zagrożenie surowymi karami i rozbudowanie mechanizmów kontroli może wprawdzie ograniczyć przejawy niektórych patologii, ale może także blokować społeczną aktywność i przedsiębiorczość (co m.in. było następstwem organizowanej przez PiS krucjaty antykorupcyjnej) czy paraliżować pewne dziedziny społecznej działalności (jak to się stało np. z transplantologią). Skuteczność wielu działań w sferze wymiaru sprawiedliwości zależy od skojarzenia ich z innymi działaniami społecznymi (np. takimi jak opieka nad byłymi więźniami, specjalne programy dla młodzieży, identyfikowanie sytuacji korupcjogennych i ich likwidowanie itd.).

Do uzyskania poprawy działania instytucji wymiaru sprawiedliwości nie wystarczy dokonanie szczegółowych korekt, lecz wymaga to reformy systemowej. W szczególności reforma powinna dotyczyć takich kwestii jak:
- sposób i poziom finansowania tych instytucji; chodzi tu o modernizację ich infrastruktury, o zainteresowanie pracą w nich najzdolniejszych adeptów prawa, a także o zwiększenie odporności pracowników na korupcyjne pokusy;
- zasady rekrutacji, szkolenia i awansu kadry; chodzi o stworzenie gwarancji podwyższenia jej poziomu[18];

---

[17] Jak wskazuje doświadczenie, niektóre elementy tego aparatu mogą stawać się narzędziem budowania „autorytarnej demokracji".

[18] Niedawno na łamach prasy wybitna sędzia Barbara Piwnik ostrzegała, że w polskim aparacie sprawiedliwości zachodzą procesy przyczyniające się do **obniżenia** poziomu kwalifikacji jego kadry.

– sposób egzekwowania odpowiedzialności za jakość podejmowanych decyzji i efektywność funkcjonowania systemu;
– stopień dopasowania obowiązujących praw i procedur do wymagań, jakie we współczesnych warunkach aparat sprawiedliwości powinien spełniać.

Lewicowe podejście do takiej reformy opiera się na założeniu, że nie może się ona powieść, jeśli zostanie środowisku prawniczemu narzucona z zewnątrz przez polityków. Projektu zmian nie można też forsować bez uwzględnienia szerszej perspektywy społecznej. Jej koncepcja powinna być kształtowana w toku debaty, w której wzięłyby udział środowiska uczelniane, korporacje prawnicze, administracja rządowa i różne organizacje pozarządowe.

Lewicowe podejście uznaje także, iż niezawisłość tego aparatu jest fundamentalną przesłanką jego roli jako „trzeciej władzy". Dlatego odrzuca lansowaną przez niektóre kręgi prawicowe ideę zwiększania nad nim kontroli ze strony instytucji państwa. Nie kwestionuje natomiast potrzeby udoskonalenia mechanizmów zapewniających bardziej skuteczne egzekwowanie poprawności jego działania. Mechanizmy takie mogłyby być częścią systemu[19].

Dla lewicy fundamentalnym celem reform jest poprawa ochrony praw obywatelskich. Dlatego z wielką ostrożnością podchodzi do idei zwiększania uprawnień organów ścigania (co faworyzuje prawica). Widzi potrzebę lepszego wyważenia uprawnień i zabezpieczeń chroniących obywateli przed nadużyciami czy lekkomyślnością tych organów.

Reforma aparatu sprawiedliwości powinna zmierzać do tego, aby sens jego działań był lepiej rozumiany i akceptowany przez obywateli. Obecnie wiele jego decyzji jest dla nich niejasnych. Dość rozpowszechnione jest mniemanie, że decyzje podejmowane przez te organy oparte są na przesłankach pozamerytorycznych (osobistych, politycznych, finansowych, układowych). Ten sposób myślenia o aparacie sprawiedliwości powoduje, że wielu obywateli jest podatnych na fałszywe oskarżenia kierowane przeciw funkcjonariuszom tego aparatu, a także na demagogiczne pomysły jego reformowania głoszone przez rządzących.

---

[19] Przykładem takiego wewnętrznego mechanizmu jest dyskutowana od jakiegoś czasu instytucja sędziego śledczego.

Krytyczna opinia o aparacie wymiaru sprawiedliwości nie może wszakże przesłonić faktu, że jest on nadal główną ostoją porządku prawnego w Polsce i głównym zabezpieczeniem przed autorytarnymi zapędami władzy.

## 3. Warunki poprawy jakości demokracji – mobilizacja pozytywnych sił społecznych

Kwestia jakości demokracji to problem, którym zainteresowana jest nie tylko lewica – można by go określić jako ogólnospołeczny. Lewica i prawica różnią się w podejściu do niego.

Znaczna część prawicy stoi na stanowisku, że niska jakość demokracji wynika z moralnego rozprzężenia, jakie rozpowszechniło się w polskim społeczeństwie. Uważa, że potrzebna jest „sanacja moralna", „ściągnięcie cugli", zwalczanie „komunistycznych przeżytków", lustracja, dekomunizacja itp. Te diagnozy i recepty wiążą się z adwersaryjną koncepcją życia społecznego, z „antykomunistyczną" ideologią i preferencjami dla agresywnych strategii, które wynikają z przekonania, że problemy społeczne najskuteczniej rozwiązuje się instrumentami siły.

Lewica ma zupełnie inne wyobrażenia o celach i sposobach tej naprawy. Jest ona zainteresowana sprawnym działaniem instytucji państwa, ale zarazem tym, by mechanizm demokratyczny przeciwdziałał społecznemu wykluczeniu i nie był zdominowany przez najsilniejsze grupy społeczne. Uznaje, że polepszenie jakości demokracji w naszym kraju wymaga porozumienia znaczącej części elit politycznych, ale wymaga także społecznej mobilizacji i społecznego poparcia.

Formacja polityczna, która podejmie działania na rzecz poprawy jakości demokracji, musi nastawić się na poszukiwanie sojuszników w różnych kręgach społecznych, w tym przede wszystkim – w organizacjach społecznych takich jak zrzeszenia prawników, przedsiębiorców, stowarzyszenia naukowe, związki zawodowe, kluby społeczne i in. Musi także poszukiwać sojuszników w mediach.

O organizacjach zawodowych, związkach i zrzeszeniach, a także mediach, często myśli się jako o grupach interesu mających na względzie własne korzyści i własne ambicje, które traktują demokrację jako system, gdzie toczy się ciągła gra o zdobycie przewagi nad innymi. Zawarte w statutach i programach tych organizacji zobowiązania do troski o dobro publiczne traktowane bywają jako górnolotne frazesy, mające maskować ich główne cele. Otóż nie wydaje się, aby był to trafny i sprawiedliwy opis większości takich organizacji. Choć w działaniach każdej właściwie organizacji i każdej instytucji troska o grupowy interes odgrywa dużą rolę, nie znaczy to, że na niczym innym im nie zależy. W każdej z nich można znaleźć osoby i środowiska, dla których dobro publiczne jest istotną wartością i które gotowe są rzeczywiście się o nie troszczyć. Trzeba liczyć się z tym, że dobro publiczne może być różnie rozumiane. Chcąc zmobilizować różne grupy i organizacje do wspólnego działania, trzeba inicjować dialog społeczny. W toku społecznego dialogu można dochodzić do pewnych wspólnych uzgodnień dotyczących sposobu ujmowania tego dobra i dróg jego realizacji.

Należy podkreślić, że poprawa jakości demokracji w Polsce nie może być traktowana jako zadanie realizowane przez wąską grupę działaczy politycznych. Wymaga ona zaangażowania osób i środowisk z różnych kręgów społecznych i instytucji. „Zarażenie" ich tą ideą powinno być celem lewicy. Dopiero wtedy, gdy idea ta znajdzie sojuszników wśród ludzi mediów, prawników, naukowców, działaczy gospodarczych, związkowców i innych jeszcze obywateli, poprawa demokracji może okazać się realna. W szczególności ważne jest pozyskanie sojuszników wśród ludzi mediów.

Media w Polsce mają wielki wpływ na życie publiczne. Są one współodpowiedzialne za jakość panującej w naszym kraju demokracji, zarówno za jej pozytywne, jak i negatywne cechy[20]. Odgrywają ważną rolę, jeśli idzie o kontrolę nad władzą – przedstawiciele władzy różnych szczebli bardzo boją się mediów i liczą się z ich reakcją. Mają też istotny wpływ na świadomość społeczną, określają bowiem kształt debaty politycznej w Polsce.

Na zachowania mediów duży wpływ wywierają ich główni dysponenci, którzy są częścią establishmentu i prezentują jego per-

---

[20] Wielu przedstawicieli mediów odcina się od takiej odpowiedzialności, sugerując, że media są tylko obiektywnym sprawozdawcą rzeczywistości politycznej i krytycznym jej obserwatorem, który umożliwia obywatelom wgląd w naturę tego, co w życiu społecznym się dzieje. Zarzuty pod adresem mediów spotykają się z ironicznym komentarzem „i znów prasa jest wszystkiemu winna". Komentarz ten nawiązuje do oskarżeń wypowiadanych pod adresem dziennikarzy przez decydentów politycznych PRL w przypadkach, gdy poczynania władzy przyniosły negatywne skutki. Komentarz ten ma zamknąć usta krytykom.

spektywę. Istotne znaczenie ma też czynnik ekonomiczny. Walka o czytelnika, słuchacza i widza w sytuacji kurczącego się rynku i zwiększającej konkurencji zmusza do poszukiwania coraz to nowych sposobów zainteresowania publiczności. Dużo łatwiej zainteresować ją, organizując polityczne „mecze" przed kamerami lub pokazując walki między partiami, niż analizując złożone dylematy życia politycznego.

W mediach jednak, tak jak i w innych obszarach życia społecznego, jest niemało ludzi racjonalnych, a zarazem przejętych jakością ładu demokratycznego w Polsce, ludzi, których perspektywy nie ograniczają polityczne identyfikacje. Można liczyć na to, że znajdą się wśród nich tacy, którzy zechcą podjąć dialog nad jakością demokracji w Polsce, nie zawężając go do kwestii poparcia lub sprzeciwu wobec idei IV RP.

Poprawa jakości demokracji nie może ograniczać się tylko do zmian w ramach instytucji centralnych. Dla lewicy niezmiernie istotnym składnikiem ładu demokratycznego jest samorządność na poziomie lokalnym i dlatego zaangażowanie do tego zadania środowisk związanych z samorządem lokalnym stanowi cel priorytetowy.

JERZY J. WIATR

## IV. LEWICA POLSKA XXI WIEKU: ZAGADNIENIE TOŻSAMOŚCI[1]

Do ruchu politycznego ludzie ideowi przystępują dlatego, że widzą w nim siłę pozwalającą wprowadzać w życie to, co uważają za cenne. W działalność polityczną angażują się także ludzie, dla których polityka jest przede wszystkim lub wyłącznie drogą do zaspokojenia własnych interesów (materialnych, prestiżowych czy psychologicznych – do tych zaś należy potrzeba dominacji nad innymi). Bywają sytuacje, w których to oni właśnie nadają ton, a w pewnych sytuacjach okazują się zaś pożyteczni. Jednak to nie oni, ale właśnie ideowcy stanowią źródło siły i atrakcyjności ruchu politycznego. Zwłaszcza w czasie trudności i niepowodzeń tylko ludzie ideowi są w stanie uratować ruch polityczny przed klęską. Ci, dla których głównym motywem działania jest własny interes, odchodzą, gdy jest ciężko. Polska lewica przeszła przez takie doświadczenie w pierwszych latach po zmianie ustroju, gdy wielu sądziło, że jej powrót do władzy nie nastąpi w dającej się przewidzieć przyszłości. Ci, dla których działalność polityczna była przede wszystkim drogą do kariery i osobistych korzyści, nader często odsuwali się od lewicy, a nawet przechodzili na drugą stronę politycznego podziału. To właśnie ludziom autentycznie ideowym zawdzięczamy to, że lewica nie znikła wówczas z polskiego życia politycznego i wcześniej, niż przewidywano, odzyskała zaufanie obywateli.

---

[1] Tekst ten stanowi poprawioną i rozszerzoną wersję materiału przedstawionego przeze mnie 9 lutego 2009 r. jako wprowadzenie do prac zespołu zajmującego się problematyką tożsamości lewicy w ramach *Projektu dla Polski* Centrum Politycznych Analiz. W niniejszej wersji uwzględniłem zwłaszcza wnioski płynące z referatów Bohdana Kaczmarka, Leszka Lachowickiego, Zbigniewa Siemiątkowskiego, Zdzisława Słowika, Krzysztofa T. Toeplitza, Andrzeja Werblana i Sławomira Wiatra dyskutowanych na kolejnych zebraniach tego zespołu.

Ideowość ruchu politycznego to sposób, w jaki odpowiada on na pytania dotyczące jego tożsamości, czyli na pytania kluczowe dla ideowej motywacji skłaniającej do angażowania się w tym właśnie ruchu politycznym. Formacje niepotrafiące lub niechcące jasno określić swej tożsamości skazane są na płytki pragmatyzm, rodzący skłonność do bezideowości, a w warunkach porażki prowadzący do porzucania formacji, z którą związano się nie z powodów ideowych, lecz dla takiej czy innej korzyści. Jedną z przyczyn słabości polskiej lewicy w ostatnich latach jest brak wyrazistej odpowiedzi na pytanie o jej ideową tożsamość, świadome lub spontaniczne rozmywanie owej tożsamości w hasłach, które w założeniu miały trafiać do wszystkich, a w praktyce okazały się na tyle ogólnikowe, że nie mogły zespalać tej formacji, zwłaszcza w trudniejszych dla niej czasach.

Główną przyczynę tego stanu rzeczy widzę w załamaniu się wiary w te treści ideowe, które stanowiły kanon ideologiczny obowiązujący w obozie rządzącym PRL. Socjalizm rozumiany jako upaństwowienie głównej części gospodarki narodowej nie przyniósł ani sprawiedliwości społecznej, ani efektywności gospodarczej, czego konsekwencją jest bezkrytyczna akceptacja kapitalizmu w jego neoliberalnej postaci jako nie tylko nieuniknionego, ale wręcz naturalnego ustroju ekonomicznego i społecznego. Poważne ograniczenia wolności i praw człowieka, nie tylko w sferze politycznej, lecz także poza nią, w tym w ważnej dla przeważającej większości obywateli sferze wolności wyznania i sumienia, zrodziły uogólnione potępienie prowadzonej wówczas polityki. Wielu ideowych ludzi lewicy zadawało sobie pytanie, czy istnieje nadal sens w działaniach inspirowanych lewicowymi ideałami. Ideały te wymagały przemyślenia i przewartościowania. Od powstania Socjaldemokracji RP potrzeba takiego przemyślenia ideowej tożsamości lewicy była podnoszona zwłaszcza przez tych stosunkowo nielicznych lewicowych intelektualistów, którzy nie odsunęli się od działalności politycznej. Było to jednak grono stosunkowo niewielkie, a poparcie udzielane mu przez kolejne kierownictwa SdRP i SLD – niewystarczające. W konsekwencji w życiu głównej partii lewicy przeważał pragmatyzm. Okazało się zresztą, że takie wąsko pragmatyczne rozumienie działalności partii nie gwarantuje skuteczności i sukcesu. W ostatnich latach obserwujemy większe niż dawniej zainteresowanie głównej partii lewicy ideowym wymiarem działalności politycznej.

W ostatnich latach interesujący kierunek lewicowej myśli politycznej reprezentuje zespół „Krytyki Politycznej". Jego przemyślenia powinny być poważnie uwzględniane w pracach nad określeniem ideowej tożsamości lewicy. Reprezentowany przez „Krytykę Polityczną" kierunek myślenia zakłada jednak programowe odrzucenie tego, co jej przedstawiciele nazywają „lewicą instytucjonalną", a więc istniejących obecnie lewicowych partii, i budowanie czegoś całkowicie nowego – „nowej lewicy". W konsekwencji mimo formułowania ciekawych propozycji częściowych kierunek ten ani nie chce, ani nie może stać się ideową podstawą tożsamości lewicowej partii politycznej, jaką jest Sojusz Lewicy Demokratycznej.

Dla zdefiniowania ideowej tożsamości lewicy najistotniejsze jest znalezienie odpowiedzi na cztery podstawowe pytania:

1) Do jakich tradycji nawiązujemy, co w przeszłości uważamy za dziedzictwo, z którego dzisiejsza lewica pragnie korzystać, a co w niej uważamy za niesłuszne lub już przestarzałe?
2) Jak oceniamy dorobek lewicy w okresie, gdy sprawowała ona władzę w Trzeciej Rzeczypospolitej?
3) Jakie wartości uważamy za podstawowy kanon ideowy lewicy, aksjologiczną podstawę jej programu politycznego?
4) Jakie i czyje interesy chcemy jako współczesna lewica reprezentować?

Nie są to jedyne pytania ważne dla określenia tożsamości współczesnej polskiej lewicy, ale sądzę, że te cztery zagadnienia mają znaczenie podstawowe.

## 1. Wybór tradycji i ocena Polski Ludowej

W ocenie tradycji wyróżniać trzeba trzy kwestie, odnoszące się do trzech okresów historycznych: (a) stosunek do lewicowych tradycji sprzed powstania Polski Ludowej, (b) stosunek do doświadczeń lewicy w okresie PRL i (c) ocenę dorobku Trzeciej Rzeczypospolitej z punktu widzenia współodpowiedzialności lewicy za osiągnięcia i porażki ostatnich dwudziestu lat. Tę trzecią kwestię omawiam odrębnie, gdyż wiąże się ona z oceną działań SLD i jego bezpośredniej poprzedniczki – Socjaldemokracji RP.

Sprawa pierwsza jest stosunkowo najprostsza i najmniej kontrowersyjna. Lewica polska ma za sobą niemal dwa stulecia heroicznej walki o sprawiedliwość społeczną i niepodległość narodową:

od Gromady Grudziąż w latach Wielkiej Emigracji, przez „czerwonych" w Powstaniu Styczniowym, po socjalistów i komunistów końca XIX i pierwszych dziesięcioleci XX wieku. Wielkie postacie lewicy – Jarosław Dąbrowski i Walery Wróblewski, Bolesław Limanowski i Ignacy Daszyński, Róża Luksemburg i Kazimierz Kelles-Krauz – pozostają ideowymi filarami, do których współczesna lewica powinna z dumą nawiązywać. W ocenie tego okresu polskiej lewicy sprawą najtrudniejszą jest stosunek do nurtu komunistycznego. W nurcie tym działali ludzie ideowi, gotowi w służbie wyznawanej idei na największe poświęcenia, w tym także ofiarę życia. Stalinowskie czystki końca lat trzydziestych pochłonęły tysiące polskich komunistów; niektórzy z nich mieli odwagę przeciwstawiać się stalinowskiemu despotyzmowi. Komunistom polskim należy się szacunek za ich ideowość nawet wtedy, gdy odrzuca się podstawowe składniki ich programu politycznego. Program ten oparty był na przekonaniu, że socjalizm może i powinien być wprowadzany w życie przemocą. Komuniści nie tylko akceptowali, ale nawet idealizowali rewolucyjny terror w stosunku do „wrogów klasowych". Gdy niektórzy z nich sprzeciwiali się stalinizmowi, czynili tak z uwagi na represje spadające na komunistów. Masowy terror, przymusową kolektywizację i inne zbrodnie popełniane w ZSRR nie tylko usprawiedliwiali, ale wręcz traktowali jako wzór do naśladowania. Współczesna lewica polska odrzuciła tak rozumianą rewolucyjność, a także komunistyczne pojmowanie „internacjonalizmu" jako nakazu bezwzględnej wierności Związkowi Radzieckiemu. Musi ona potępić te działania polskich komunistów, które sprzeczne były z polskim interesem narodowym i z polskim dążeniem do niepodległości. Stworzony w zajętym przez Armię Czerwoną Białymstoku komitet, który miał się stać zalążkiem władz „Polskiej Republiki Radzieckiej", jest czarną kartą w historii polskiego ruchu komunistycznego. Kontynuowanie tego typu polityki, zwłaszcza przez udzielanie pomocy wywiadowi radzieckiemu działającemu przeciw Polsce, obciąża dzieje KPP i powoduje, że do tej partii dzisiejsza lewica nie może i nie powinna nawiązywać. W wielkim sporze o stosunek do niepodległości Polski rację miała Polska Partia Socjalistyczna, a nie Komunistyczna Partia Polski.

Ocena czterdziestu pięciu lat Polski Ludowej jest dla tożsamości lewicy sprawą ogromnie istotną, której nie można skwitować oczywistym odwołaniem się do takich ważnych zdobyczy jak odbudowa kraju czy awans oświatowy i społeczny warstw uboższych. Konieczna jest przemyślana odpowiedź na pytanie, czym było istniejące wówczas państwo polskie i jak oceniać trzeba jego rolę w historii Polski. W ocenie tej nie idzie o jednostronną apologetykę, która byłaby nieprzekonującą reakcją na równie jednostronne potępienia, jakie spadają na Polskę Ludową ze strony prawicy. Lewica ma moralny i polityczny obowiązek obiektywnego podejścia do tego okresu.

W ocenie Polski Ludowej niezbędne jest pogłębione podejście do międzynarodowych uwarunkowań, w jakich państwo polskie znajdowało się po drugiej wojnie światowej. Okres powojenny postawił naród polski i wszystkie jego siły polityczne przed trudnym wyzwaniem. W wyniku wojny Polska stała się na niemal pół wieku państwem zależnym od ZSRR. Zależność ta była uznawana przez mocarstwa zachodnie i miała oparcie w ówczesnej potędze ZSRR. Dopóki utrzymywał się podział świata na dwa antagonistyczne bloki, a w ZSRR u władzy pozostawała ekipa uformowana w szczytowym okresie stalinizmu, Polacy nie mogli tych realiów zmienić. Sprawiedliwa ocena tego okresu, a zwłaszcza polityki sprawującej wówczas władzę partii, jest dla tożsamości dzisiejszej lewicy sprawą trudną, ale niezbędną. Nie da się bowiem zaprzeczyć temu, że dzisiejsza lewica – przynajmniej w jej głównym nurcie – wywodzi się z PZPR. Nie może tego związku genetycznego ukrywać ani ignorować za pomocą naiwnego argumentu o „późnym urodzeniu" obecnego pokolenia przywódców tej formacji. Za taką tendencją kryje się uleganie tej wersji historii PRL, którą lansuje polska prawica. Oportunizm w tej sprawie szkodzi lewicy, gdyż nie pozwala ukazać, jakie były ideowe, nie zaś oportunistyczne, racje, dla których tak wielu ludzi angażowało się po stronie Polski Ludowej i dlaczego tak znaczna część społeczeństwa polskiego nadal nie jest skłonna okresu tego totalnie potępiać.

W sytuacji ograniczonej suwerenności możliwe były cztery postawy. Po pierwsze: całkowite wycofanie się z życia politycznego (opuszczenie kraju lub tak zwana „emigracja wewnętrzna"). Po drugie: bezkompromisowy opór prowadzony środkami zbrojnymi lub politycznymi, w kraju, a zwłaszcza na emigracji. Po trzecie: pełne utożsamienie się z interesami i celami ZSRR. Po czwarte wreszcie: działanie w ramach i na gruncie istniejących realiów politycznych w celu ochrony podstawowych interesów narodowych, na rzecz stopniowego rozszerzania suwerenności państwa polskiego, liberalizowania stosunków politycznych i racjonalizowania systemu ekonomicznego. Lewica szukać winna swych korzeni w tej czwartej linii działania. Była ona bowiem zgodna z interesem narodowym, realizowanym w warunkach zewnętrznych, na które Polacy mieli znikomy wpływ.

Linię tę wybierali bardzo różni (jeśli idzie o ich drogę życiową) ludzie: ci socjaliści, którzy zdecydowali się współtworzyć Polskę Ludową, ci działacze PPR, którzy na serio traktowali ideę „polskiej drogi do socjalizmu" i pragnęli nadać jej inny, lepszy, bardziej zgodny z podstawowymi wartościami lewicy charakter, ludowcy widzący w Polsce Ludowej szansę na zasadniczą poprawę losu wsi, postępowi inteligenci włączający się w dzieło odbudowy kraju i przebudowy jego struktury społecznej. To ich zasługą jest polski Październik 1956 r. – podziwiany w świecie jako wyraz nie tylko patriotycznej determinacji, lecz także politycznego realizmu społeczeństwa polskiego i tej części kierownictwa PZPR, która umiejętnie pokierowała polityką polską w tym przełomowym momencie. Zasługą tego nurtu jest to, że od 1956 r. zależność Polski od ZSRR została w znacznym stopniu ograniczona, a stosunki panujące w kraju, choć dalekie od standardów demokratycznych, uległy liberalizacji. Z upływem czasu krystalizowały się dwa główne nurty tak rozumianego realizmu politycznego. Jednym był nurt patriotyczny i reformatorski („rewizjonistyczny") w szeregach PZPR, drugim lewica opozycji demokratycznej, w tym zwłaszcza Komitet Obrony Robotników, a następnie lewicowy nurt Solidarności. Te dwa nurty, mimo łączących je wielu wartości, znajdowały się po przeciwnych stronach ówczesnego podziału przede wszystkim dlatego, że inaczej oceniały ówczesne możliwości i zagrożenia. Nie warto snuć rozważań, kto miał wtedy więcej racji[2]. Jest to dziś sprawa przesądzona przez historię. Natomiast dzisiejsza lewica polska powinna sięgać do najlepszych tradycji obu tych nurtów. Z szacunkiem powinna odnosić się do roli Władysława Gomułki i Wojciecha Jaruzelskiego – najwybitniejszych przywódców Polski Ludowej.

---

[2] Jacek Kuroń, nawiązując do spotkania przy Okrągłym Stole czwórki żoliborskich kolegów – poza nim i mną byli to Bronisław Geremek i Janusz Reykowski – napisał znamienne słowa: „Oni mają prawo powiedzieć: dokonaliśmy zmian w komunizmie. A my możemy powiedzieć: zmienił się pod naszym naciskiem" (Jacek Kuroń, *Spoko! Czyli kwadratura koła*, BGW, Warszawa 1992, s. 78).

Nawiązywać do reformatorskich poglądów Oskara Lange, Juliana Hochfelda, Władysława Bieńkowskiego, Adama Schaffa. Za swoje korzenie uznać dorobek Kuźnicy, piękną tradycję „Polityki" i wkład Mieczysława F. Rakowskiego w tworzenie nowoczesnej kultury politycznej polskiej lewicy. Zarazem powinna uznać za doniosłe drogowskazy ideowe postawy i dorobek Jacka Kuronia, Aleksandra Małachowskiego i Jana Strzeleckiego. To, co przed 1989 r. dzieliło dwa nurty polskiej lewicy, dziś już należy – na szczęście – do historii. Z perspektywy historycznej lepiej zaś widać to, co te dwa nurty łączy.

Sprawiedliwa ocena PRL musi zawierać także wyraźne nazwanie i potępienie działań złych, haniebnych, a nawet zbrodniczych. Było ich najwięcej w okresie stalinizmu, ale i po 1956 r. zdarzały się posunięcia zasługujące na zdecydowaną krytykę, między innymi kampania antysemicka 1968 r., represje wobec opozycji demokratycznej, łamanie prawa. Dla lewicy polskiej szczególnie bolesna jest pamięć o represjach, jakie ówczesna władza stosowała w odpowiedzi na uzasadniony protest robotniczy. Klasa robotnicza, która zgodnie z głoszonymi hasłami miała być głównym oparciem ludowej władzy, stała się najaktywniejszą siłą społecznego protestu.

Lewica o tych sprawach wielokrotnie otwarcie mówiła. Żadna inna siła polityczna w Polsce nie odniosła się tak krytycznie do własnej przeszłości, jak uczyniła to socjaldemokratyczna lewica. Zarazem jednak lewica musi mieć odwagę bronienia tych kart niedawnej historii, które na obronę zasługują. Były bowiem sytuacje, w których ratowanie Polski przed katastrofą wymagało dokonania wyboru mniejszego zła. Tak było zwłaszcza w wypadku stanu wojennego, wprowadzonego, gdy nad Polską wisiała zupełnie realna – a obecnie negowana przez prawicę – groźba radzieckiej interwencji zbrojnej. Dla Polski – takiej, jaka w latach powojennych istniała – pracowały miliony ludzi, dla których Polska Ludowa była ich państwem, wprawdzie niedoskonałym i uzależnionym od hegemonicznego mocarstwa, ale jedynym, jakie mogło wtedy istnieć. Ludziom tym prawica usiłuje odebrać szacunek dla własnych życiorysów. Uderza to w miliony ludzi, gdyż pośrednio godzi także w tych młodych, którzy nie chcą godzić się z totalnym potępieniem drogi życiowej rodziców i dziadków. Tylko lewica ma odwagę bronienia honoru tych, którzy w tamtych latach uczciwie i z patriotycznych pobudek pracowali dla Polski.

## 2. O sprawiedliwą ocenę Trzeciej Rzeczypospolitej

Wreszcie ocena Trzeciej Rzeczypospolitej. Lewica jest jej współtwórcą. Byliśmy zwolennikami współrządzenia i współodpowiedzialności na długo przed tym, zanim rozwiązania te stały się politycznie możliwe. Wnieśliśmy swój wkład w dorobek Okrągłego Stołu. Powinniśmy bronić go przed „czarną legendą" tworzoną wokół tego wielkiego wydarzenia przez polityków i ideologów skrajnej prawicy. To nie był „spisek elit", lecz wielki akt politycznej odwagi i politycznego realizmu, dzięki czemu Polska jako pierwsza weszła na drogę zmiany ustroju i torowała tę drogę innym. Okrągły Stół był i jest wysoko oceniany w świecie. Lewica powinna bronić tej karty najnowszej historii tym bardziej stanowczo, im brutalniejsze na nią ataki przypuszcza skrajna prawica.

W Trzeciej Rzeczypospolitej lewica szybko odzyskała społeczne poparcie. Wygrała wybory parlamentarne 1993 i 2001 r. oraz dwukrotnie wybory prezydenckie (1995 i 2000). Przez osiem lat sprawowaliśmy rządy, a przez dziesięć nasz przywódca Aleksander Kwaśniewski był z woli narodu prezydentem. O wysokiej ocenie jego prezydentury świadczy między innymi to, że jest on jedynym prezydentem, którego poparcie pod koniec urzędowania było znacznie wyższe niż na początku pierwszej kadencji.

Trzecia Rzeczpospolita jest najlepszym okresem historii Polski co najmniej od początku XVIII wieku. Spełniły się marzenia pokoleń o Polsce niepodległej, bezpiecznej, demokratycznej. Lewica ma w tym swój wielki wkład. Ma między innymi wielki udział w opracowaniu i uchwaleniu Konstytucji 2 kwietnia 1997 r. oraz w uzyskaniu dla niej społecznej akceptacji w ogólnokrajowym referendum. Ma wielki udział w przystąpieniu do Unii Europejskiej – zdynamizowaniu i zakończeniu negocjacji i podpisaniu Traktatu Akcesyjnego oraz w sukcesie referendum europejskiego. Ma wielki udział w bezspornym rozwoju gospodarczym dokonanym w ostatnich dwóch dziesięcioleciach i w zapewnieniu bezpieczeństwa kraju poprzez przystąpienie Polski do NATO. Byłoby politycznym absurdem, gdyby się od tego okresu dystansowała, jak to sugerują dość liczni przedstawiciele radykalnej nowej lewicy. Główne partie polskiej lewicy – Socjaldemokracja RP i Sojusz Lewicy Demokratycznej – dobrze zasłużyły się narodowi polskiemu.

Nie oznacza to jednak i oznaczać nie może bezkrytycznej oceny tego, co w tym okresie potoczyło się nie tak, jak powinno. W pewnej mierze lewica ponosi za to także odpowiedzialność i musi mieć odwagę o tym mówić. Na ocenę Trzeciej Rzeczypospolitej w znacznym stopniu wpływają negatywne skutki ustanowienia w Polsce takiego wariantu gospodarki kapitalistycznej, który był zgodny z doktryną neoliberalną i przyniósł – oprócz korzystnych – wiele wysoce negatywnych zjawisk społecznych, w tym nadmierną polaryzację ekonomiczną i wykluczenie wielu biedniejszych warstw społecznych. Politykę tę wprowadzono w życie w latach, gdy ster rządów znajdował się w ręku polityków dawnej Solidarności. Lewica nie przeciwstawiała się jednak tej polityce, a po dojściu w 1993 r. do władzy nie podjęła wysiłku na rzecz jej zasadniczej zmiany. Bez pogłębionej refleksji teoretycznej przyjęła pogląd, że kapitalizm w jego neoliberalnej wersji jest jedynym możliwym systemem ekonomicznym. To, że z programu SLD wypadły odwołania do demokratycznego socjalizmu, nie było przypadkowym przeoczeniem[3]. Wynikało raczej z przyjmowania poglądu, że kapitalizm jest jedyną możliwą formą ustrojową. Co więcej, nawet istnienie znacznych różnic między funkcjonującymi w dzisiejszym świecie wariantami gospodarki kapitalistycznej nie stało się bodźcem dla poważniejszej debaty programowej o modelu polskiego ustroju ekonomicznego i społecznego.

Lewicę obciążają poważne błędy polityczne popełniane w latach, gdy sprawowała władzę, i niebędące prostą konsekwencją zastanej sytuacji.

Błędem było zaufanie neoliberalnym receptom ekonomicznym w imię absurdalnej tezy, że „rynek ma zawsze rację", co prowadziło do zaniedbywania polityki społecznej i takiego interwencjonizmu państwowego, który korygowałby spontaniczne działanie rynku w interesie ludzi pracy.

Błędem było bratanie się części działaczy lewicy z przedstawicielami wielkiego kapitału, co w skrajnych wypadkach prowadziło nawet do korupcji, a w latach 2003–2005 poważnie podkopało zaufanie do SLD i stało się jedną z głównych przyczyn jego klęski politycznej, z której lewica do dziś nie zdołała się podnieść.

Błędem było zarzucenie – po 2001 r. – wielu naszych własnych haseł światopoglądowych, na przykład walki o konsekwentną reali-

---

[3] Odwołania do idei demokratycznego socjalizmu znajdowały się natomiast w programie SdRP uchwalonym na jej II Kongresie w 1993 roku.

zację neutralności światopoglądowej państwa i o liberalizację ustawy antyaborcyjnej z 1993 r., przeciw której posłowie SLD głosowali w 1993 r. i którą dwukrotnie próbowali zmienić w kadencji 1993–1997. Błędem była nadmierna uległość wobec polityki USA w okresie prezydentury G.W. Busha, czego najbardziej dramatyczny przejaw stanowił udział Polski w wojnie irackiej[4]. W tej sprawie okolicznością do pewnego stopnia usprawiedliwiającą ówczesne władze polskie jest to, że zostały one okłamane przez rząd USA w sprawie rzekomego gromadzenia przez Irak broni masowej zagłady. O tych sprawach lewica powinna mówić otwarcie. Trzeba mieć świadomość, że błędy te wynikały przede wszystkim z osłabienia tętna życia ideowego, z dominacji naiwnie pojmowanego „pragmatyzmu", a więc właśnie z zacierania ideowej tożsamości lewicy. Do tego nie może być powrotu. Zarazem jednak trzeba pamiętać, że w dorobku Trzeciej RP i we wkładzie lewicy w ten dorobek pozytywy zdecydowanie przeważają nad błędami i porażkami. Dlatego to, co stanowi pozytywny dorobek Trzeciej Rzeczypospolitej, musi być składnikiem tożsamości polskiej lewicy. Przyjmowanie – co sugeruje między innymi środowisko „Krytyki Politycznej" – innej, totalnie negatywnej oceny tego okresu byłoby niezgodne z prawdą historyczną, a zarazem politycznie samobójcze, gdyż pod znakiem zapytania stawiałoby zdolność lewicy do rządzenia w dobrze pojmowanym interesie Polski. Zwłaszcza w sytuacji, gdy Trzecia Rzeczpospolita jest atakowana przez polityków Prawa i Sprawiedliwości i przez część polityków Platformy Obywatelskiej, lewica powinna tej kampanii przeciwstawiać obiektywny, zgodny z prawdą historyczną – a więc w sumie pozytywny – obraz tego okresu polskiej historii.

## 3. Podstawowe wartości ideowe lewicy

Polityka pojmowana być może nie tylko jako działalność na rzecz tak czy inaczej zdefiniowanych interesów zbiorowych, lecz także jako realizacja określonych wartości. Wartościami w tym kontekście są cele, do których się dąży nie z uwagi na racje pragmatyczne, lecz

---

[4] Byłem od początku przeciwnikiem tej wojny, o czym pisałem na pół roku przed uderzeniem na Irak (*Konieczna wojna?*, „Przegląd", 23 września 2002). Późniejsze wydarzenia jedynie umocniły mnie w wyrażonym wówczas stanowisku.

ze względów etycznych. W tym więc spojrzeniu na politykę uzyskuje ona wymiar moralny. Uznanie moralnego wymiaru polityki nie oznacza, wbrew czasem formułowanym zarzutom, „moralizatorstwa". Zdajemy sobie sprawę z tego, że polityka nie może być czystą realizacją zasad moralnych i że skuteczność działania politycznego to nie to samo co czystość wyznawanych zasad. Zdajemy sobie również sprawę z tego, że moralna odpowiedzialność polityka różni się od potocznie rozumianej „etyki przekonań", gdyż zakłada prymat odpowiedzialności za skutki podejmowanego działania, a także skutki celowego zaniechania. Uwzględniając jednak wszystkie te komplikacje, wiemy, że w polityce wartości etyczne są istotne. Gdy ludzie dla realizacji określonego celu politycznego gotowi są narazić się na więzienie, znoszą tortury, gotowi są oddać życie, ich motywacje nie mogą być czysto pragmatyczne. Muszą mieć sens etyczny.

Etyczny sens polityki występuje najwyraźniej w sytuacjach ekstremalnych, gdy czyn polityczny jest aktem moralnym, ale również w normalnych czasach, gdy działanie polityczne nie wymaga nadzwyczajnych ofiar, dla wielu ludzi działanie polityczne jest konsekwencją wyznawanych przez nich przekonań. Te przekonania, wartości, które czyni się drogowskazami w działaniu politycznym, stanowią ważny składnik tożsamości ruchu politycznego.

Proponuję, by prace nad określeniem aksjologicznych podstaw współczesnej lewicy skupić wokół czterech wartości podstawowych. Są to wolność, sprawiedliwość, patriotyzm i solidarność międzynarodowa. Te cztery podstawowe wartości rozpatrywać warto w dwóch parach – wolność i sprawiedliwość oraz patriotyzm i solidarność – gdyż dopiero w takim ujęciu wyraźne stają się dylematy wyboru wartości, a one same nie zostają sprowadzone do poziomu ogólnych sloganów.

Wolność uważa się za charakterystyczną wartość liberalizmu, co niektórych skłania do powątpiewania, czy lewica może ją uznać za część swej aksjologii bez tracenia ideowej samodzielności. Przypomnijmy jednak, że idea wolności od dawna stanowiła ważny składnik ideologii socjalistycznej. W czasie okupacji konspiracyjna PPS działała pod nazwą Wolność, Równość, Niepodległość, wysuwając ideę wolności na pierwsze miejsce. Socjalizm zrodził się nie ze sprzeciwu wobec idei wolności, lecz z przekonania, że prawdziwej wolności nie da się urzeczywistnić w świecie wielkich niesprawiedliwości społecznych.

Wolność oznacza, że nikomu nie wolno narzucać nakazów i zakazów, jeśli nie mają one oczywistego uzasadnienia w ochronie wolności innych. W tym sensie idea wolności sprzeciwia się narzucaniu jednostce arbitralnych norm (między innymi religijnych), jeśli nie mają one oczywistego uzasadnienia w ochronie wolności innych ludzi. Dotyczy to wszystkich aspektów wolności: politycznego, światopoglądowego, ekonomicznego.

Akceptacja wolności politycznej oznacza, że lewica opowiada się za demokratycznym państwem prawa, a przeciw wszelkim formom zniewolenia politycznego. Dlatego dla socjaldemokratycznej lewicy nie do zaakceptowania jest idea „dyktatury proletariatu" ani żadne podobne koncepcje doktrynalne.

Wolność w sferze światopoglądowej oznacza neutralność państwa w stosunku do wszystkich Kościołów i związków wyznaniowych, potraktowanie wyborów światopoglądowych jako prywatnej sprawy obywateli. Lewica nie musi utożsamiać się z ateizmem, ale musi konsekwentnie bronić zasady, że sprawy światopoglądowe należą do sfery wolności każdego człowieka i muszą być wyłączone z działania władz publicznych.

W sferze ekonomicznej wolność oznacza, że każdy ma prawo podejmować działania gospodarcze bez ograniczeń innych niż te, które wynikają z ochrony uzasadnionego dobra publicznego. Pewne dziedziny działalności wymagają bardziej rygorystycznej regulacji niż inne (np. produkcja leków bardziej niż produkcja butów, a działalność edukacyjna bardziej niż rozrywkowa). Czy jednak akceptacja tak rozumianej wolności gospodarczej nie kłóci się z inną wartością, jaką jest sprawiedliwość?

Zależy to od rozumienia sprawiedliwości. W tradycji socjalistycznej silne jest dążenie do utożsamienia jej z równością. Jeśli równość rozumieć jako zasadę proceduralną (każdy winien być tak samo traktowany przez organa władzy publicznej), to zasada ta staje się elementem sprawiedliwości, gdyż nie ma sprawiedliwości tam, gdzie jedni są traktowani lepiej lub gorzej niż inni znajdujący się w takim samym położeniu. Jeśli jednak równość traktować jako możliwie najbardziej równy dostęp do ograniczonych dóbr, to zasada równości kłócić się będzie z zasadą sprawiedliwości – przynajmniej w jej najbardziej powszechnej, merytokratycznej postaci.

Sprawiedliwe bowiem wydaje się, by ten, kto więcej z siebie daje, więcej też otrzymywał, a nie by wszyscy otrzymywali tyle samo bez względu na własny wkład. Sprawa jest skomplikowana przez dwie okoliczności. Po pierwsze: jak wymierzyć indywidualny wkład jednostki, jak go porównać z wkładem innych jednostek? Po drugie: co począć z tymi, którzy nie z własnej winy nie wnoszą tyle samo co inni? W tym drugim wypadku idzie nie tyle o dość oczywistą kwestię praw osób chorych czy niepełnosprawnych, ale o bardziej skomplikowany problem praw osób, które z racji pochodzenia z biednej rodziny nie miały możliwości zdobycia kwalifikacji pozwalających im wnosić znaczniejszy wkład w dobro wspólne. Dlatego koncepcję sprawiedliwości merytokratycznej lewica musi uzupełniać o zasadę umiarkowania w skali dopuszczalnych nierówności. Ponad pewnym poziomem wielkie różnice stają się niesprawiedliwe.

Czy takie rozumienie sprawiedliwości skazuje lewicę na aksjologiczny konflikt z liberalizmem? Zależy to od sposobu rozumienia liberalizmu. John Rawls jedną ze swych prac w wielkiej mierze poświęcił dowodzeniu, że wolność nie jest możliwa bez zachowania pewnego minimum sprawiedliwości. Pisze w tej sprawie, co następuje:

„a) Każda osoba ma równe prawo do w pełni wystarczającego systemu równych podstawowych wolności, który jest możliwy do pogodzenia z podobnym systemem wolności dla wszystkich.

b) Nierówności społeczne i ekonomiczne mają spełniać dwa warunki. Po pierwsze, muszą być związane z dostępnością urzędów i stanowisk dla wszystkich, w warunkach autentycznej równości szans, i po drugie, muszą być z największą korzyścią dla najmniej uprzywilejowanych członków społeczeństwa"[5].

Jeśli za punkt wyjścia przyjmie się ten sposób rozumienia liberalizmu, który prezentuje Rawls (a nie ten, który wywodzi się ze szkoły neoliberalnej), różnica stanowisk między liberałem i socjaldemokratą staje się różnicą ilościową, a nie jakościową. Spór nie będzie dotyczył wyboru: wolność czy sprawiedliwość, lecz kwestii: ile wolności, ile sprawiedliwości. Lub: jaka doza sprawiedliwości (i jak rozumianej) jest niezbędna dla rzeczywistej realizacji wolności?

---

[5] John Rawls, *Liberalizm polityczny*, przeł. A. Romaniuk, Wydawnictwo Naukowe PWN, Warszawa 1998, s. 392.

Sprawy te wiążą się z pojmowaniem idei demokratycznego socjalizmu. Wracam do tej kwestii po latach[6], gdyż uważam za błąd to, że SLD (inaczej niż jego poprzedniczka SdRP) ucieka od tego hasła, jak to uczyniono na konwencji SLD w czerwcu 2007 r., gdy w ostatniej chwili z projektu programu usunięto fragment o demokratycznym socjalizmie – podobno dlatego, że nie podobało się to przywódcom Partii Demokratycznej. Idea demokratycznego socjalizmu niesie w sobie uznanie, że kapitalizm nie jest i nie musi być ostatnim słowem w rozwoju historycznym ludzkości. To, że nie przedstawiamy szczegółowej wizji innego systemu, nie oznacza, byśmy mieli rezygnować z takiego myślenia o przyszłości, które zakłada, że możliwe i pożądane jest ukształtowanie się innego ładu społecznego, który harmonijnie łączyłby ideę wolności i ideę sprawiedliwości. To właśnie byłby demokratyczny socjalizm.

Druga para wartości rodzi mniej problemów teoretycznych. Patriotyzm rozumiem – za Andrzejem Walickim – jako „obronę realistycznie pojętego interesu narodowego"[7]. Lewica, opowiadając się za tak rozumianym patriotyzmem, powinna odrzucać utożsamianie go z narodowym egoizmem, z przekonaniem, że narody dzielą nieprzezwyciężalne wrogości. Powinna w szczególności odrzucać utożsamianie patriotyzmu z pielęgnowaniem wspomnień o złych stosunkach z naszymi sąsiadami, a więc z taką „polityką historyczną", jakiej rzecznikami są przede wszystkim politycy Prawa i Sprawiedliwości. Rzecz nie w postulacie zbiorowej amnezji, lecz w uznaniu dwóch prawd podstawowych:

a) dzisiejsze pokolenia Niemców, Rosjan czy Ukraińców nie ponoszą odpowiedzialności za zbrodnie przodków, podobnie jak dzisiejsze pokolenia Polaków nie ponoszą odpowiedzialności za Jedwabne czy inne zbrodnie popełniane przez część naszych przodków;

b) gdy mowa o zbrodniach stalinowskich, pamiętać trzeba, że w stopniu szczególnie wielkim dotknęły one Rosjan i innych obywateli ZSRR; oznacza to, iż pamięć o tych zbrodniach mogłaby

[6] Pisałem o tym w artykule pt. *Socjaldemokracja i socjalizm* („Myśl Socjaldemokratyczna" 1994, nr 2, s. 17–23).

[7] A. Walicki, *Polskie zmagania z wolnością*, Universitas, Kraków 2000, s. 225. Szerzej piszę o tej sprawie w artykule pt. *Patriotyzm lewicy* („Myśl Socjaldemokratyczna" 2008, nr 3–4, s. 26–34).

i powinna łączyć, a nie dzielić nasze narody w czymś, co nazwałbym wspólnotą cierpienia.

Polityce podsycania konfliktów z sąsiednimi narodami lewica powinna przeciwstawić politykę budowania porozumienia. Dotyczy to wszystkich narodów, z którymi Polskę łączy skomplikowana, pełna dramatycznych konfliktów historia – w tym także Rosji. Poprawa stosunków dwustronnych w tym wypadku jest – z uwagi na nagromadzone uprzedzenia i kompleksy – szczególnie ważna. Nie ignorując różnic w spojrzeniu na historię ani realnie istniejących różnic interesów, lewica powinna mieć odwagę budowania stosunków polsko-rosyjskich na fundamencie obustronnego szacunku i poszukiwaniu tego, co może łączyć.

Tak rozumiany patriotyzm jest w pełni zgodny z ideą międzynarodowej solidarności. Ma ona swój wymiar europejski wyrażający się w postulacie pogłębiania i wzmacniania europejskiej jedności i swój wymiar globalny wyrażający się w poczuciu współodpowiedzialności za los narodów pokrzywdzonych przez imperialną historię. W wymiarze europejskim współczesny patriotyzm oznacza dążenie do tego, by interesy własnego narodu realizować wespół z innymi narodami europejskimi, w drodze wzmacniania integracji kontynentu. Lewica sprawę tę traktować powinna jako ważny element swej tożsamości. Przeciwstawiając się wąskiemu egoizmowi narodowemu, odrzuca ona eurosceptycyzm jako niezgodny z długofalowymi interesami narodowymi. Zarazem musi być solidarna z narodami, których rozwój i dobrobyt blokowane są głównie w wyniku kolonialnej, a następnie neokolonialnej eksploatacji. Idea międzynarodowej solidarności w imię budowania bardziej sprawiedliwego świata jest najważniejszym, jak myślę, przesłaniem wielkiego socjalisty Willy'ego Brandta. Lewica polska powinna to przesłanie sobie przyswoić. Jest to obecnie jedna z najważniejszych treści etycznych lewicowej tożsamości.

## 4. Czyje interesy reprezentuje lewica?

Socjalistyczna lewica zrodziła się z obrony klasy robotniczej przed kapitalistycznym wyzyskiem. Gotowa była bronić interesów innych warstw społecznych (drobnych rolników, pracowników umysłowych), ale interesy robotników stawiała w centrum swoich programów. W jej widzeniu reprezentacji interesów centralne miejsce zajmowały zawsze interesy ekonomiczne, w szczególności struktura dochodów i warunki pracy. Choć i wówczas istniały zróżnicowane interesy poszczególnych kategorii robotników, uproszczone widzenie konfliktu klasowego jako starcia między dwoma wielkimi blokami (proletariat–burżuazja) nie było zupełnie pozbawione podstaw. Takie rozumienie reprezentacji interesów wymaga jednak konfrontacji ze zmienionymi warunkami.

We współczesnym społeczeństwie kapitalistycznym, także takim, które – jak Polska – przeżyło w ostatnim dwudziestoleciu restaurację kapitalistyczną, stosunki między klasami społecznymi są bardziej skomplikowane niż w klasycznym kapitalizmie XIX wieku. Klasa robotnicza nie jest monolitem, gdyż zasadniczo różna jest sytuacja robotników zatrudnionych w wielkich przedsiębiorstwach państwowych, w firmach należących do kapitału obcego czy wreszcie w drobnych i średnich przedsiębiorstwach prywatnych. Każdy z tych członów klasy robotniczej ma inne interesy, a sytuację dodatkowo komplikuje fakt, że w ramach tego samego przedsiębiorstwa odmienne są interesy poszczególnych grup robotniczych, między innymi z uwagi na znaczne różnice kwalifikacji.

Robotnicy nie stanowią już najbardziej upośledzonej i wyzyskiwanej części społeczeństwa. Na dnie drabiny społecznej znajduje się „podklasa", przez co socjologia rozumie zbiorowość ludzi trwale wykluczonych z normalnego życia gospodarczego, społecznego i kulturalnego. Ludzie ci żyją poniżej biologicznego minimum i zależni są od pomocy społecznej. W Polsce Ludowej zjawisko to było niewielkim (mniej więcej dwu- lub trzyprocentowym) marginesem. Po zmianie ustroju natomiast margines ten rozrósł się znacznie, dochodząc do około 12% ludności Polski. Utrwalone wykluczenie z jego różnorodnymi konsekwencjami, zwłaszcza psychologicznymi, stwarza sytuację, w której wydobycie wielu tych ludzi z obecnej sytuacji jest już niemożliwe.

W gorszej niż robotnicy sytuacji ekonomicznej znajdują się znaczne odłamy nisko kwalifikowanych pracowników sektora usług. Jest to liczebnie coraz większa część pracujących. Ich położenie pogarsza to, że niemal zawsze zatrudnieni są w niewielkich zakładach, co utrudnia ich organizowanie się w celu obrony własnych interesów.

Wreszcie liczebnie znaczną warstwą ludzi ubogich są w dzisiejszej Polsce właściciele drobnych gospodarstw rolnych. Ich sytuację pogarsza fakt, że nie są oni w stanie rywalizować z wielohektarowymi nowoczesnymi farmami, które kształtują stosunki na rynku artykułów rolniczych.

Istnienie warstw społecznych, których sytuacja pogorszyła się lub w najlepszym razie nie uległa zmianie w wyniku przebudowy ustroju ekonomicznego, nie przeczy temu, że równocześnie uformowała się w Polsce liczna i rosnąca liczebnie warstwa średnia. Nie jest ona monolitem ani w sensie ekonomicznym, ani społecznym. To, co ją wyróżnia i co pozwala o niej mówić jako o pewnej całości, to jej położenie pomiędzy warstwami ubogimi a niewielką, ale ekonomicznie bardzo silną klasą kapitalistycznych „megabogaczy"[8]. Warstwa średnia składa się z drobnych i średnich przedsiębiorców i handlowców, zamożniejszych rolników, wysoko kwalifikowanych fachowców, personelu kierowniczego w różnego rodzaju przedsiębiorstwach i w administracji państwowej lub samorządowej. Ekonomiczna i społeczna pozycja grup wchodzących w skład warstwy średniej jest zróżnicowana, co skłania socjologów do dzielenia jej na warstwę „średnią wyższą" i „średnią niższą", ale jako całość ma ona pewną cechę wspólną. Jest to warstwa, która skorzystała na zmianie ustroju i ma poczucie osiągniętego sukcesu. Jest także dynamiczna i nowoczesna. Między nią a wspomnianą poprzednio klasą megabogaczy istnieje zarówno istotna różnica obiektywnych interesów, jak i swoiste napięcie psychologiczne. Najbogatsi mają do dyspozycji różnego rodzaju środki pozwalające im zmniejszać ich udział w finansowaniu potrzeb zbiorowych. Im mniejsze są obciążenia podatkowe megabogaczy, tym większy ciężar spada na barki warstwy średniej, która nie ma tych możliwości legalnego lub nielegalnego uchylania się od ich ponoszenia. Psychologicznie zaś konflikt warstwy średniej z klasą megabogaczy wynika z tego, że ogromne bogactwo skupione na szczycie drabiny społecznej rodzi u ludzi należących do warstwy średniej poczucie względnej deprywacji. Ich sukces materialny blednie w porównaniu z tym, co osiągnęli multimilionerzy.

Polityka reprezentacji interesów prowadzona przez lewicę musi uwzględniać tę złożoną strukturę społeczną. Lewica ma moralny obowiązek bronienia interesów wszystkich tych klas i warstw, które ucierpiały w wyniku kapitalistycznej restauracji. Należą do nich

---

[8] Określenie Marii Hirszowicz (*Stąd, ale dokąd? Społeczeństwo u progu nowej ery*, Wydawnictwo Sic!, Warszawa 2007, s. 106).

robotnicy, ale nie tylko oni. Lewicowa polityka gospodarcza musi być społecznie wrażliwa. Musi łączyć troskę o wzrost gospodarczy z obroną interesów biedniejszej części społeczeństwa. Nie zawsze te dwa cele dają się pogodzić. Konieczne bywają trudne wybory. Lewica ma jednak obowiązek poszukiwania takich rozwiązań, które w największym możliwym stopniu uwzględniają racje społeczne. Jest to tym bardziej skomplikowane, że interesy poszczególnych grup wchodzących w skład uboższych warstw społecznych bywają bardzo różne, a niekiedy nawet przeciwstawne. Grupowe interesy zatrudnionych są inne niż interesy bezrobotnych. Interesy emerytów i ludzi zbliżających się do wieku emerytalnego są inne niż interesy młodych pracowników. W interesie drobnych i średnich rolników leży finansowanie ich ubezpieczeń z budżetu państwa, ale oznacza to przerzucenie części tych nakładów na zatrudnionych poza rolnictwem, w tym tych, których dochody są podobne do dochodów rolników.

Czy możliwe jest więc zdefiniowanie wspólnego mianownika tych zróżnicowanych interesów? Myślę, że tym wspólnym mianownikiem jest uznanie, iż wspólnym interesem biedniejszych warstw społecznych jest zachowanie (a może nawet wzmocnienie) interwencjonizmu państwowego w takich obszarach jak ochrona zdrowia, pomoc społeczna, powszechna edukacja, kultura. Warstwy zamożniejsze są w stanie zapewnić sobie zaspokojenie podstawowych potrzeb dzięki własnym zasobom. To warstwy biedniejsze potrzebują tarczy w postaci nakierowanej na cele społeczne polityki państwa. Taka polityka wymaga pieniędzy. Rozsądnie ustalone obciążenia podatkowe, pozwalające sfinansować na godziwym poziomie główne potrzeby społeczne, leżą przede wszystkim w interesie warstw uboższych. Prowadzenie takiej polityki musi stanowić część programu lewicy.

Zarazem jednak lewica powinna być także reprezentantem interesów warstwy średniej. Dynamizm tej warstwy jest bowiem głównym źródłem rozwoju i modernizacji gospodarki polskiej. Warstwa średnia musi mieć świadomość tego, że właśnie lewica chce i potrafi bronić jej przed zagrożeniem płynącym ze strony zachłannej klasy megabogaczy. Zmniejszanie nadmiernych różnic ekonomicznych leży w interesie warstwy średniej, w której nowoczesna lewica powinna znaleźć ważne oparcie. Wymaga to umiejętnego prowadzenia polityki gospodarczej i społecznej, a w szczególności podejmowania działań umożliwiających znacznej części warstw biedniejszych awans do warstwy średniej. Jest to w pierwszym rzędzie sprawa takiego ukształtowania systemu edukacyjnego, który mógłby stworzyć warunki awansu społecznego młodzieży z warstw biedniejszych. Reprezentacja interesów realizuje się nie tylko w sferze ekonomicznej. W Polsce, jak i w innych krajach, istnieją wielkie zbiorowości, których niekorzystne położenie determinują przyczyny nieekonomiczne. Największą zbiorowością tego typu są kobiety. Nierówne traktowanie w miejscu pracy, niesprawiedliwy, a ugruntowany przez tradycję podział obowiązków domowych, dyskryminujące kobiety będące w trudnej sytuacji ustawodawstwo zakazujące przerywania ciąży, a zarazem utrudnianie antykoncepcji – to najbardziej oczywiste przejawy niesprawiedliwego traktowania kobiet. Pod pewnymi względami ich sytuacja uległa pogorszeniu w ostatnich latach. Lewica powinna traktować prawa kobiet jako sprawę własną, współpraca z ruchami feministycznymi należy do jej ważnych zadań.

Należy do nich także obrona tych mniejszości, które z powodów światopoglądowych czy kulturowych są w Polsce dzisiejszej dyskryminowane. Neutralność światopoglądowa państwa jest w warunkach rządów prawicy fikcją. Powoduje to, że ludzie niewierzący, a także członkowie mniejszościowych Kościołów i związków wyznaniowych, czują się obywatelami drugiej kategorii. Różnego rodzaju dyskryminacja spotyka mniejszości seksualne, traktowane przez znaczną część prawicy pogardliwie i niechętnie. Lewica ma obowiązek brać wszystkie te zbiorowości w obronę nie z uwagi na jakieś własne interesy polityczne, lecz ze względu na wyznawane wartości.

Sposób reprezentacji interesów powinien wyrażać dążenie lewicy do nadania życiu politycznemu mniej konfliktowego charakteru. Polacy są znużeni polityką uprawianą jako permanentna, brutalna walka. Oczekują od polityków, że potrafią łączyć raczej, niż dzielić. Lewica powinna więc tak prowadzić politykę, by interes wspólny miał w niej prymat nad interesami cząstkowymi. Tylko taka lewica jest w stanie odzyskać zaufanie i poparcie współobywateli.

Część druga

# Komentarze

# Cele współczesnej lewicy

## Andrzej Mencwel

### Projekt dla Polski – wstępne uwagi krytyczne

Witam z uznaniem ten projekt – pierwszą od lat próbę całościowego oglądu, rozpoznania i projektowania naszej rzeczywistości, jaka wychodzi ze środowiska tzw. instytucjonalnej lewicy. Jest on bogaty, wydaje się prawie kompletny pod względem rejestru głównych problemów, fragmentami analityczny, pobudza do dyskusji i to jest jego główna zaleta. Dyskusja taka musi być krytyczna, co nie powinno dziwić – niczego bardziej bowiem nam nie trzeba jak wytworzenia procesu dyskusyjnego, w którym projekty będą stale unowocześniane, doskonalone, przekształcane w programy działania. Programy te również powinny być dyskusyjne i procesualne – a nie doktrynalne i schematyczne. Parafrazując Jerzego Giedroycia, można powiedzieć, że programy można i należy zmieniać, zasady jednak winny być trwałe. Z tą świadomością przedstawiam poniżej uwagi krytyczne, których celem jest przekształcanie tego projektu w program.

**1. Choć tekst ten nosi tytuł *Projekt dla Polski*, został on napisany tak, jakby był tylko projektem dla lewicy, i to lewicy politycznej, czyli partyjnej.** Rozumiem instytucjonalne odniesienia twórców tego projektu, jestem też świadom, że program potrzebny jest partii, jeśli ma ona umacniać się i wzrastać, ale nie podzielam tego ograniczenia. Uważam, że zanadto instrumentalizuje i partykularyzuje ono cały ten projekt, co utrudnia przekształcanie go w program adresowany nie tylko do członków partii, lecz także do wszystkich tych, którzy poczuwają się do jakkolwiek pojętej lewicowości – społecznej, obyczajowej, kulturalnej, intelektualnej. Powiedziałbym więcej – chodzi o to, aby program ten napisać tak, iżby przemawiał on do każdego świadomego obywatela naszego kraju, jako *Program dla Polski*.

Trzeba więc ten projekt przeadresować – nasz główny, czyli polski, współczesny problem, nie polega bowiem na tym, że lewica polityczna winna zostać wzmocniona ze względu na tzw. scenę polityczną itp. (to znaczy z dodatkiem wszystkich parlamentarnych i medialnych frazesów). Problem ten natomiast polega na tym, że Polska nie jest i nie może być prawdziwą Rzecząpospolitą, jeśli nie zostaną w niej ożywione te wartości, które były i być muszą ideowymi zasadami lewicy: emancypacji, uspołecznienia, upodmiotowienia, uobywatelnienia. A nie są to współcześnie wartości realizowane, choć III Rzeczpospolita jest historycznym osiągnięciem i słusznie bronią jej autorzy tego projektu. Ich diagnozy jednak, zapisane w tekście, mówią, że wartości powyższe zostały wyeliminowane lub zmarginalizowane. Innymi słowy, piszemy *Projekt dla Polski* nie po to, aby lewicę przypisać Polsce albo Polskę lewicy. Piszemy natomiast ten projekt dlatego, że bez realizacji tych wartości Polska nie będzie naprawdę Polską, to znaczy ojczyzną wszystkich swoich obywateli. Rozumiem dialogowo-relatywistyczny ton, w jakim zredagowano tekst tego projektu, co do zasad jednak powinien on być bardziej asertywny, tak aby można było przekształcić go w program. Nie ma żadnych racji przemawiających za tym, żeby programy dla Polski były przywilejem partii prawicowych.

**2. Pytanie: do kogo należy ta Rzeczpospolita, skoro nie należy do wszystkich, i kim są ci, do których na pewno ona nie należy – jest pytaniem najważniejszym i najtrudniejszym.** Struktura społeczna współczesnej Polski jest złożona, zawikłana i właściwie nierozpoznana. Mamy jakieś dziesięć tysięcy zawodowych socjologów, ale kontentują się oni przeważnie tak zwanymi badaniami tak zwanej opinii publicznej. Jest oczywiste, że lewica winna mieć na uwadze tych, których restauracja kapitalizmu w Polsce zmarginalizowała i wykluczyła, ale jest równie oczywiste, że nie wystarczy ich wskazać i nie da się na nich oprzeć. Tu słusznie autorzy tego projektu wymieniają pracobiorców oraz zróżnicowaną wewnętrznie nową klasę średnią. Wydaje się jednak, że w kwestii społecznej kluczą oni albo posuwają się zakosami, omijając problem główny. Ten wskazuje, moim zdaniem, nieznana bliżej (bo nikt się nią nie zajmował) korelacja pomiędzy klasą (klasami?) niższą (pracobiorców?) a nieuczestniczącymi w życiu publicznym, których średnio jest około połowy dorosłych mieszkańców naszego kraju. Mam na myśli tych, którzy notorycznie nie biorą udziału w żadnych wyborach, a więc elementarnych formach życia politycznego. Jest jakaś korelacja między ekonomicznym upośledzeniem a polityczną eliminacją lub odmową uczestnictwa. Korelacja ta obejmuje, moim zdaniem, znaczny procent dorosłych, intuicyjnie i ostrożnie określałbym ją na jedną czwartą mieszkańców Polski. Mogę się mylić, ale jakkolwiek jest – na pewno nie jest ich mało i nie można ich pomijać. Nie sugeruję, aby ich rozpoznaniem zajął się Sojusz Lewicy Demokratycznej (lub inne ugrupowanie lewicy), nie sądzę też, że badać ich winno Centrum Politycznych Analiz. Jest jednak pewne, że każdy program dla Polski, a zwłaszcza program lewicowy, winien być nastawiony na przekraczanie tej granicy społecznej, która naprawdę głęboko nas dzieli – między tymi, którzy gadają ciągle na tzw. scenie politycznej, a tymi, którzy milczą lub zostali głosu pozbawieni. Na tej granicy należy trwale uprawiać pracę polityczną – dystansując się krytycznie od politycznych spektakli. Jest znaną prawdą, że tacy „ludzie luźni", jacy najpewniej znajdują się poza tą granicą, stanowią uśpioną wylęgarnię różnych ekstremizmów i choćby z tego względu państwo nie może o nich zapominać. Żaden program emancypacji, upodmiotowienia, uspołecznienia, uobywatelnienia nie może jednak nawet być wiarygodnie pomyślany, jeśli tę granicę i tych, co poza nią, prześlepi. Bez jej przekroczenia i bez głosu dotąd niemych nie tylko nie będzie lewicowego *Programu dla Polski*, lecz także godnej swej nazwy Rzeczypospolitej.

**3. Kwestia „demokratycznego kapitalizmu" i „demokratycznego socjalizmu".** Demokratyczność współczesnego polskiego kapitalizmu jest wielce wątpliwa i podjąłbym się na dowolnym prawie przykładzie (na przykład sposobu egzekwowania opłat na autostradzie) dowieść, że realizuje się tutaj zawsze najpierw interesy wielkiego kapitału (oligarchów), a na końcu dopiero zwykłych obywateli (np. zniżki komunikacyjne dla studentów i emerytów). Można, oczywiście, dla doraźnych względów taktycznych przyjąć za program lewicowy nieustanną i upartą demokratyzację tego kapitalizmu, ale wówczas trzeba zawsze stać na straży praw pracowniczych, organizacji związkowych, ochrony zdrowia, demokracji obyczajowej, praw mniejszości, programów edukacyjnych i kulturalnych, dostępu do wyższych studiów itp. Nie mówię, że w każdej z tych dziedzin rozwiązania demokratyzacyjne są jasne i z góry dane – przeciwnie, za każdym razem trzeba je wypracowywać na nowo, gdyż rzeczywistość jest nowa i złożona. Stanowisko lewicy zaś powinno być zawsze określone, postawa zgodna z zasadami, głos wyraźnie słyszalny. Jest to konieczne, a było dotąd realizowane co najwyżej epizodycznie i akcyjnie, więc niewystarczająco. Bez upartego i trwałego oznajmiania: „Tu stoimy!" żadna lewica nie będzie powszechnie słyszalna, więc obecna.

Choć konsekwentna społeczna demokratyzacja kapitalizmu jest całkiem dobrym programem minimalnym, nie widzę powodu, aby rezygnować z określenia „demokratyczny socjalizm" i obawiać się jego krytyki. Rzecz nie w tym, czy „demokratyczny socjalizm" jest utopią, bo można sądzić, że bez żywej i pociągającej utopii życie indywidualne i społeczne zostaje zredukowane do pragmatycznej interesowności, czyli do nudy. Rzecz w tym, że trzeba w zgodzie z doświadczeniem historycznym zredefiniować socjalizm i ostatecznie wyzbyć się intelektualnych przeżytków leninizmu-stalinizmu, utożsamiającego socjalizm z etatyzmem i odgórną realizacją doktryny (czyli ideologicznej utopii). Jeśli lękamy się socjalizmu, gdyż kojarzymy go z minioną utopią, to pozostajemy ciągle zakładnikami resentymentu.

Znany od zarania ruchu robotniczego spór między reformizmem a rewolucjonizmem został chyba definitywnie rozstrzygnięty – na niekorzyść rewolucjonizmu. Utopia, doktryna, rewolucyjna przemoc, zdobycie władzy, totalizacja społeczeństwa, ze znanymi i złymi następstwami – wszystko to mamy, na szczęście, za sobą. Nie wystarczy jednak stamtąd wyjść, broniąc jakichś resztek dawnych zdobyczy, albo tkwiąc w intelektualnych przeżytkach, bo wtedy zostaje się w pustym miejscu. Jeśli jest się socjaldemokracją, trzeba wrócić do nurtu reformistycznego i wpisać się weń zarówno historycznie, jak i współcześnie. Trzeba uznać słuszność sławnej dewizy pierwszego rewizjonisty Edwarda Bernsteina: „Cel jest niczym, ruch jest wszystkim" i dokonać też jej współczesnej reinterpretacji i adaptacji.

Socjalizm demokratyczny otóż, w tym świetle, to nie jest jakaś utopia, którą wymyślają amatorscy ideologowie lub zakontraktowane think tanki – to jest mianowicie realny, codzienny, nieustanny ruch emancypacji tych, którzy w jakikolwiek sposób są upośledzeni – zarówno bezrobotni, jak i niepełnosprawni oraz wszyscy inni, a także uspołeczniania tych instytucji i przedsięwzięć, które ulegają alienacji i służą same sobie – zarówno gospodarczych, jak i politycznych, kulturalnych czy sportowych. Socjalizm demokratyczny nie znosi prywatnej własności czegokolwiek, ale w jego zasadach nie mieści się absolutyzowanie tej własności i naiwna gloryfikacja „deregulacji" – socjalizm demokratyczny realizuje uspołecznianie własności wszędzie tam, gdzie to możliwe, i wytrzymuje współczesne standardy: w akcjonariacie pracowniczym, w samorządach terytorialnych i uczelnianych, w spółdzielniach wytwórczych i mieszkaniowych, w stowarzyszeniach kulturalnych i sportowych. Ruch stowarzyszeniowy (czyli tzw. organizacje pozarządowe) jest uprzywilejowanym miejscem realizacji tak pojętego socjalizmu demokratycznego, i to niezależnie od poglądów członków poszczególnych stowarzyszeń, a to z dwóch powodów naraz: 1) gdyż jest głównym sposobem tworzenia społeczeństwa obywatelskiego, zatem uspołeczniania państwa; 2) gdyż jest względnie masowym sposobem uspołeczniania indywidualnych postaw ludzkich. Widać to dobrze w działaniach Owsiaka, Ochojskiej, Wygnańskiego i innych – niezależnie od ich poglądów politycznych. W socjalizmie demokratycznym kształtowanie twórczych, podmiotowych postaw ludzkich jest niezbywalnym składnikiem emancypacji. Kultura tego socjalizmu nie jest bowiem kulturą recepcji i konsumpcji, lecz kreacji i samorealizacji. Współtworzenie takiej kultury jest najlepszym, a być może jedynym lekarstwem na wszystkie degradujące skutki globalizującej kultury masowej nowych i starych mediów.

**4. Rozstrzygnięcie takie rzutuje kierunkowo na dwie dziedziny pokrewne – mianowicie historię i kulturę.** W tej pierwszej nakazuje ono rekonstrukcję dziejów reformistycznego nurtu polskiego socjalizmu – od Krzywickiego, Abramowskiego i Kelles-Krauza do Żuławskiego, Hochfelda i Strzeleckiego, i to nie w celach antykwarycznych, lecz zarazem historycznych i współczesnych. Nie można wiedzieć, jak uspołecznić i upodmiotowić współczesnych, jeśli się likwiduje lub pomija cały nurt uspołecznienia i upodmiotowienia w niedawnej przeszłości. Dziedzictwem tego nurtu, które winno również zostać ożywione i współczesnym przyswojone, jest społeczna interpretacja dziejów Polski dawnej i nowoczesnej – prawdziwa w podwójnym sensie tego słowa (bo realna i wiarygodna) alternatywa dominującej obecnie historii mesjaniczno-martyrologicznej i policyjno-lustracyjnej. Nie da się stworzyć emancypacyjnej wizji przyszłości, jeśli zapozna się dramaturgię emancypacji przeszłych. A w nowoczesnej Polsce rozpoczyna się ona od Oświecenia i Kościuszki.

Konsekwentne przyjęcie socjaldemokratycznej perspektywy reformistycznej pozwala także adekwatnie wartościować przeszłość niedawną – zwłaszcza Polski Ludowej. Pozwala bowiem różnicować tę przeszłość, wskazywać, że jest ona splotem wielowartościowym (a nie „komunistyczną" czarną dziurą), a w splocie owym wybierać tę linię, która łączy powojenny względny pluralizm polityczny „polskiej drogi" z powszechnym społecznym zaangażowaniem, popaździernikowy rewizjonizm z robotniczymi samorządami i autonomią nauki i kultury artystycznej, późniejsze wyzwalanie się od marksistycznego doktrynerstwa i poszukiwanie nowych źródeł dynamiki społecznej (modernizacja lat siedemdziesiątych). Takie zjawiska tamtej epoki, jak środowiska naukowe, regionalne i lokalne stowarzyszenia kulturalne, organizacje kobiece i harcerstwo, kluby inteligencji i związki twórców, studencki ruch artystyczny i naukowy, dyskusyjne kluby filmowe itp., które wyrastały z autentycznych potrzeb indywidualnych i zbiorowych, a nie były „transmisją" partii i rządu, nie tylko zasługują na dobrą pamięć, lecz także zawierają instruktywne przesłanie współczesne. To tam rodziły się postawy twórcze, które owocowały w kulturze narodowej i światowej.

Jest jasne, że w tej historii współczesnej szczególną rolę odegrała jawna opozycja demokratyczna, a następnie ruch społeczny Solidarności. Bez nich na pewno nie doszłoby do tych przemian, które doprowadziły nas do III Rzeczypospolitej. Historyczne uznanie tej roli nie powinno jednak odbywać się kosztem niwelacji wszelkiego innego dorobku społecznego, gdyż składa się on realnie na naszą przyszłość. Ten dorobek powinna przypominać lewica i go strzec – nie tylko dlatego, że nikt inny tego nie zrobi. Także dlatego, że wymaga tego historyczna sprawiedliwość i godność tych, którzy działali dla wspólnego dobra.

**5. Wobec rewolucji komunikacyjnej.** Żyjemy w epoce gruntownych przeobrażeń gospodarki światowej, która z industrialnej przekształca się w informacyjną, co oznacza przesunięcie jej punktu ciężkości, a raczej koła zamachowego, z tradycyjnego przemysłu „materialnego" na wytwarzanie i krążenie dóbr „niematerialnych" (takich jak informacja). Oznacza to także towarzyszące temu przesunięciu przemiany społeczne, a wraz z nimi dyslokację tradycyjnych sprzeczności interesów. W rozdziałach poświęconych modernizacji jest o tym mowa i wskazania w nich zawarte są celne, ale wnioski osłabione. Jeśli bowiem przekształcenie takie rzeczywiście się odbywa, nie wystarczy je uwzględniać – trzeba zdać sprawę z jego wszechstronnych konsekwencji, przede wszystkich tych, które wynikają z przesunięcia owego koła zamachowego. Nie umiem sam zdać z nich sprawy, podkreślam tylko, że nieustanna dyskusja nad tą przemianą jest konieczna.

Sam ograniczam się tylko do selektywnego i wstępnego wskazania tych konsekwencji, które dotyczą kultury. Jest pewnym banałem powtarzanie, że ich skala przekracza te, które towarzyszyły „rewolucji Gutenberga". Jeśli przypomnieć, że z tamtą rewolucją związane są: unormowanie, a właściwie powstanie języków narodowych, ustalenie właściwych im gramatyk i ortografii, postępująca alfabetyzacja społeczeństw, więc upowszechnienie oświaty, narodziny i rozwój nowoczesnej świadomości narodowej, a zatem i krystalizacja narodów, to konsekwencje współczesnej rewolucji komunikacyjnej przekraczają naprawdę zastane wyobrażenia. Będą one ciągle narastać i będziemy musieli ciągle towarzyszyć im myślą krytyczną.

Wskazuję tylko dwie, które już się dzieją i którym trzeba sprostać. Pierwsza dotyczy kanonów kulturalnych, więc poniekąd indywidualności zbiorowych, druga – postaw indywidualnych, zatem jednostkowych. Globalizacja komunikacyjna, która dysponuje nieznaną w dziejach i nieporównywalną z niczym mocą impresyjną i perswazyjną multimediów, kwestionuje właściwie nieustannie zastane kanony kulturalne. Kanony te były zawsze zmienne i przekształcały się w toku dyskusji angażujących całe pokolenia (na przykład polska dyskusja romantyzmu i pozytywizmu), ale, jak się zdaje, po raz pierwszy w dziejach problemem nie jest ich przekształcanie, lecz rozmywanie i rozpraszanie. Jakie to może mieć konsekwencje dla zbiorowej tożsamości, dowodzić chyba nie trzeba. Otóż, w tym kontekście, nowoczesne państwo, dopóki istnieje, zobowiązane jest do prowadzenia zarazem spójnej i dynamicznej polityki kulturalno-edukacyjnej. Można powiedzieć, że kanon kultury wysokiej staje się jego podstawowym zobowiązaniem, ale wywiązywanie się z niego wymaga polityki całościowej w tej dziedzinie. Nie może być ona podzielona resortowo na departamenty edukacji, nauki i szkolnictwa wyższego oraz „kultury i dziedzictwa narodowego", z których każdy zresztą (jak dzieje się to obecnie) wprowadza własny program reform. Musi być to wreszcie przemyślane, przedyskutowane i projektowane **całościowo**. Nie chodzi o zmiany resortowe, te bowiem pozostają ewentualne, lecz o prawdziwy *Projekt dla Polski* w tej dziedzinie.

Jego składnikiem musi być także to, czego dotąd nie zrobiono nigdzie na świecie, choć świadomość konieczności coraz silniej dochodzi do głosu, mianowicie program edukacji w zakresie multimediów (internetu). W całej naszej cywilizacji zachowujemy się tak, jakby zagadnienie używania nowych mediów sprowadzało się do opanowania technicznej instrukcji obsługi, choć wszyscy lub prawie wszyscy zdają się wiedzieć, że ich użytkowanie wymaga ukształtowanej świadomości krytycznej. Program kształtowania tej świadomości, niewątpliwie nieodzowny, winien być wspólnym dziełem wszystkich, którzy myślą o przyszłości kultury, więc o naszej własnej przyszłości. Jeśli dyskusję nad jego tworzeniem podejmie lewica, tym lepiej nie tylko dla niej, lecz także dla kultury.

# ALEKSANDER ŁUKASZEWICZ

## Kilka uwag

Studium *Projekt dla Polski – założenia* zasługuje na uznanie i aprobatę. Zgadzając się z jego treścią, uważam, że stanowi on bardzo dobrą podstawę prac nad długofalowym programem lewicy. Co więcej, jak się zdaje, treść studium może wpłynąć na jednoczenie się różnych odłamów lewicy – co dla przyszłości kraju jest perspektywą ze wszech miar pożądaną.

W poniższych uwagach nic z treści opracowania nie jest kwestionowane. Dotyczą one albo pewnych uściśleń, albo rozmieszczenia czy podkreślenia akcentów, albo uzupełnień.

1. Treść opracowania (ze wskazanym niżej wyjątkiem) jest dostatecznie przejrzysta dla myślącego odbiorcy, który nie jest wobec lewicy sceptyczny czy wrogi. Jednakże przejrzystość tę i przystępność nieco zakłóca fragment traktujący o teorii demokracji; „akademickość" jego prezentacji, jak się wydaje, odbiega od stylu ekspozycji w całości tekstu.

2. Sądzę, że trzeba unikać nadawania wizji polityczno-ustrojowej demokratycznego socjalizmu miana utopijności. Wiadomo przecież, że prawicowa propaganda przekonuje, iż to, co utopijne, jest złe i godne pogardy. Pragnie wytrzebić z tego pojęcia wszelkie cechy intelektualnej inspiracji. Zbyt wielu myślicieli na świecie poświę-

cało i poświęca swoje dzieła owej wizji – wyobrażalnej alternatywy kapitalizmu, który jako kapitalizm demokratyczny jest obecnie realnością. Jest on jednakże stale i realnie zagrożony przez polityczną prawicę, często uzbrojoną w religijny fundamentalizm. Te okoliczności powinny być mocniej w tekście wydobyte i podkreślone.

3. Z powyższą kwestią łączy się – co prawda obecny, ale chyba zbyt słabo – lewicowy dezyderat świeckości państwa demokratycznego. Bezustannie trzeba podkreślać, że szacunek dla osobistych wyborów obywateli oraz ochrona prawna tego wyboru nie może kolidować z interesami zbiorowymi, którymi rządzą powszechnie przyjęte i aprobowane prawa stanowione, a nie prywatny interes jakiejkolwiek hierarchicznej i pozbawionej cech demokratycznych instytucji.

4. W opracowaniu trafnie się podkreśla, że dla lewicy bezwzględnym warunkiem pomyślnego rozwoju kraju jest przynależność do Unii Europejskiej oraz że lewica wspiera i wspierać będzie dalszą ewolucję integracji tego ugrupowania. A także – że rozwój kraju ściśle zależy od kontekstu gospodarki światowej i jej tendencji rozwojowych. Te kwestie powinny być chyba mocniej eksponowane w tekście.

5. Postawa lewicowa nie może pozostawać obojętna wobec tego komponentu współczesnej gospodarki światowej, jakim są wielkie międzynarodowe (i ponadnarodowe) korporacje, jeden z głównych czynników sprawczych globalizacji. Ich charakterystyka została poddana wnikliwej analizie w ogromnej literaturze światowej, od noblistów (Galbraith, Stiglitz, Krugman) po wystąpienia alterglobalistów. Nie chodzi tutaj o likwidację ani owych korporacji, ani przepływów kapitału w skali międzynarodowej. Chodzi o regulacje i kontrolę publiczną, zwłaszcza wobec korporacji najbardziej drapieżnych (przemysł farmaceutyczny, finanse i bankowość, ubezpieczenia), w ich działalności bowiem ignorowanie lub lekceważenie prawa międzynarodowego i praw krajowych, jak też korumpowanie administracji, jest na porządku dziennym. Sprawa ta ma taki wymiar, że działania na skalę krajową okazują się zdecydowanie niewystarczające. Potrzebne są działania na forum Unii Europejskiej, ONZ, OECD, Międzynarodówki Socjalistycznej. Polska lewica, rządząca czy nie, może tutaj wnieść poważny wkład. Projekt zaś praktycznie problem ten umieścił na marginesie.

6. Długą tradycją ruchów lewicowych było wspieranie spółdzielczości, z jednej strony jako moderatora nierówności społecznych
i materialnego wsparcia rzesz pracowników najemnych, z drugiej –
skutecznego kreatora kapitału społecznego. *Projekt* niestety w tym
względzie ogranicza się do krótkiej wzmianki. Tymczasem za oczywistą trzeba uznać potrzebę dobrego rozpoznania stanu i perspektyw rozwoju spółdzielczości w Polsce, w tym także rozpoznania
możliwości rozszerzenia o tę dziedzinę społecznej bazy ruchu lewicowego.

7. Na marginesie: odczuwa się dotkliwy brak gazety codziennej
o orientacji lewicowej (niekoniecznie organu partyjnego).

## ANDRZEJ WALICKI

## Walka o język, kulturę i prawo

Przeczytałem z zainteresowaniem *Projekt dla Polski*. Zgadzam
się z ogólnym kierunkiem reprezentowanym przez autorów tego
tekstu. Mam jednak pewne uwagi krytyczne. Należyte ich rozwinięcie wymagałoby wiele czasu i miejsca, ograniczę się przeto do
zasygnalizowania ich w punktach. Wspólnym mianownikiem tych
punktów jest niedostateczne uwzględnienie przez autorów *Projektu*
konieczności aktywnego, ofensywnego przeciwstawienia się hegemonii prawicy w polskim życiu intelektualnym i kulturze.

## 1. Walka o język

W trafnym wyliczeniu błędów lewicy (s. 109–110) brak odnoto-
wania sprawy o znaczeniu kardynalnym: lewica pozwoliła na narzucenie sobie języka i aparatu pojęciowego prawicy, potulnie godząc się na utożsamienie PRL z „komunizmem", a członków PZPR
z „komunistami", akceptując absurdalny termin „postkomunizm"
(jak możliwy był „postkomunizm", skoro „realny socjalizm" był
świadomym zdystansowaniem się od scenariusza „budowania komunizmu"), godząc się nawet na używanie w odniesieniu do PRL
terminu „komunistyczny totalitaryzm" w uchwałach sejmowych.
Pisałem o tym wielokrotnie, spotykało się to z sympatią u polityków

lewicy, ale jednak nie skłoniło ich do odrzucenia narzucanego języka: mimo że język ten służył nie zrozumieniu przeszłości i pojednaniu narodowemu, lecz rozbudzaniu nienawiści i pogardy; nie odkłamywaniu, lecz nowym formom zakłamania, mającym wyposażyć zwycięzców w poczucie racji niepodzielnej i **moralny** mandat do sprawowania władzy.

## 2. Walka o media i o kulturę

Sądzę, że autorzy *Projektu* są w tych sprawach nazbyt defensywni, wręcz nieśmiali. Dlaczego nie ma u nas ani jednej gazety codziennej, która komentowałaby wydarzenia bieżące z punktu widzenia lewicy? Dlaczego nie ma dużych enklaw kultury ogólnolewicowej, reprezentujących wszystkie żyjące pokolenia Polaków (środowisko „Krytyki Politycznej" zaoferowało doskonałe wzory, ale całkowicie zdominowane jest przez pokolenie najmłodsze). Dlaczego lewica nie uzyskała efektywnego wpływu na szkolnictwo, na treść podręczników? Dlaczego nie ma dużego lewicowego wydawnictwa działającego nie na zasadach rynkowych i zdolnego spełniać funkcję mecenasa kultury? Znam oczywiście odpowiedź, że brak na to pieniędzy, ale przypomina mi to słowa Piłsudskiego (cytuję z pamięci), że Polacy pragną wprawdzie niepodległości, ale tylko pod warunkiem, że mało za to zapłacą. Otóż to! Lewica chce wpływu, ale płacić za to nie chce.

## 3. Walka o prawo

Autorzy *Projektu* mają rację, widząc interesy lewicy w konsekwentnej obronie zasad liberalnej demokracji, tak często kwestionowanych u nas z pozycji prawicowych. Zgodnie z hegemonicznym dyskursem III RP utożsamiają jednak liberalny komponent tych zasad z wolnym rynkiem (aczkolwiek prof. Z. Sadowski trafnie odróżnia „neoliberalizm" od liberalizmu demokratycznego). Brak mi w tym jednak podkreślenia, że do najgłębszej istoty liberalizmu należy idea nadrzędności prawa pojmowanego nie jako regulacja biurokratyczno-administracyjna, lecz jako zespół norm ograniczających samowolę potęg zarówno politycznych (czyli władzy), jak i ekonomicznych (czyli rynku). Autentyczna tradycja liberalna wyklucza więc instrumentalizację prawa, dąży do podporządkowania polityki prawu, a nie odwrotnie, chroni jednostkę nie tylko przed arbitralnością władzy, lecz także przed mechanizmami społecznego konformizmu. Centralne miejsce kultury prawnej w ustroju liberalno-demokratycznym sprawia, że lewica nie może pozwolić sobie na uznanie, iż takie anomalie III RP, jak projekty pozasądowej lustracji i dekomunizacji, stosowanie odpowiedzialności zbiorowej (w postaci np. pozasądowego odbierania praw nabytych) oraz obecny zakres działalności IPN są tylko sprawą rozliczeń z przeszłością, mało interesującą dla młodego pokolenia, a więc, tym samym, mało ważną. Znamienne jest, że Grzegorz Napieralski pominął tę problematykę w swej kampanii wyborczej, a B. Arłukowicz uzasadnił to na łamach „Rzeczpospolitej" (10–11 lipca 2010 r.). Rzecz w tym jednak, że jest to kwestia podstawowych konstytucyjnych zasad państwa prawa, od których lewica nie może się zdystansować, jeśli chce być lewicą liberalno-demokratyczną. Również *Projekt dla Polski* powinien zająć w tej sprawie stanowisko niedwuznaczne.

## 4. Tożsamość lewicy

Omawiany tekst, w części napisanej przez prof. Jerzego Wiatra, sporo miejsca poświęca wyborowi tradycji i ideowej tożsamości lewicy. Słusznie podkreśla, że lewica ma w Polsce długą i heroiczną tradycję: od Gromad Ludu Polskiego do Róży Luksemburg i Kelles--Krauza. To prawda. Trzeba to przypominać, bo wskutek dominacji ideowej prawicy pojawiły się już opinie, że Polska nigdy nie miała prawdziwej lewicy, ale jedynie „udawaną", koniunkturalną (pisał tak np. Robert Krasowski w „Europie"). Młodzież studencka nie może jednak wyrobić sobie własnego zdania na ten temat, ponieważ klasycy myśli lewicowej nie są wznawiani, a głównym źródłem do poznania polskich tradycji intelektualnych są publikacje prawicowego Ośrodka Myśli Politycznej w Krakowie. Ile osób wie np., że Lidia i Adam Ciołkoszowie wydali na emigracji dwa grube tomy *Zarysu dziejów socjalizmu polskiego* (Londyn 1966 i 1972), i to obejmujące tylko okres od Wielkiej Emigracji do Komuny Paryskiej (przebogatej późniejszej historii opracować już nie zdołali)? Jest to dzieło fundamentalne, dowodzące, że Polska bardzo wcześnie zrodziła wybitnych przedstawicieli demokratycznego socjalizmu. Uważam za skandal, że żaden krajowy wydawca nie zainteresował się reedycją tego dzieła w niepodległej Polsce. Zarazem jednak uderzający jest fakt, że nazwiska wymienione przez prof. Wiatra nie tworzą spójnego kanonu (jak np. pogodzić Różę Luksemburg z Limanowskim?) i nie nadają się na patronów lewicy demokratyczno-liberalnej. Należy im się pamięć i szacunek, ale czy trzeba reanimować tradycje rewolucyjnego radykalizmu lub patriotycznego insurekcjonizmu z ideałem granic z 1772 roku? Co począć z dziedzictwem komunistycznej utopijności w wersji egalitarno-babuwistycznej (Gromady) lub rewolucyjno-marksistowskiej (Luksemburg)? Jak pogodzić to z głoszonym przez prof. Wiatra ideałem lewicy umiarkowanej, odpowiedzialnej, uwzględniającej realia sytuacji międzynarodowej? Jest to istna kwadratura koła. Osobiście sądzę, że cała tradycja polskiej lewicy warta jest studiowania choćby po to, aby obalić mit o przyrodzonej ponoć prawicowości Polaków, ale że powinno to iść w parze z opracowaniem nowego modelu lewicowości przesuniętego w stronę liberalnego reformizmu. Model ten obejmowałby więc Augusta Cieszkowskiego, niezrównanego w programie modernizacji chrześcijaństwa, Aleksandra Świętochowskiego, łączącego indywidualizm w stylu J.S. Milla z wizją liberalizmu socjalnego, a także Stanisława Brzozowskiego, z jego krytyką polskiego tradycjonalizmu i programem modernizacji polskości. A w ramach pracy nad zrozumieniem naszych własnych korzeni trzeba koniecznie opracować historię myśli politycznej PRL, przełamując fałszywy pogląd, że jej nie było! Był przecież „neopozytywizm" w wersji zarówno katolickiej (Stomma), jak i laickiej (Jan Szczepański), różne odcienie rewizjonizmu (nie tylko opozycyjnego), programy reform ekonomicznych (Bobrowski, Brus), bardzo różne od radzieckiego scenariusza itd. itp. Trzeba to poznać, wyzwolić się od paraliżującego przekonania, że mieliśmy tylko „Kulturę" z Giedroyciem i Mieroszewskim.

# LEWICOWY MODEL SPOŁECZNO-GOSPODARCZY

## LESZEK K. GILEJKO

### Lewicowa alternatywa dla Polski

## 1. Koncepcje modelowe: trzy wymiary demokracji

Raport opracowany przez zespół pod kierownictwem J. Reykowskiego pod ogólnym tytułem *Projekt dla Polski – założenia* jest niewątpliwie bardzo dobrą oceną przebiegu transformacji w naszym kraju, stanu społeczeństwa i gospodarki oraz zespołem propozycji przyjmujących formę programu. Większość sformułowanych zarówno w diagnozie, jak i programie ocen oraz wniosków, propozycji programowych jest bardzo trafna, a zaprezentowane propozycje tworzą rzeczywiście projekt dla Polski. Jest to program rozwoju oparty na potrzebach społeczeństwa i współcześnie odczytywanych znakach tożsamościowych lewicy XXI w., które powinny być realizowane w Polsce w trzeciej dekadzie transformacji. Myślę, że można je ocenić i określić jako lewicową alternatywę dla Polski właśnie na trzecią dekadę transformacji i dalszą perspektywę rozwoju naszego kraju. Tę perspektywę w odniesieniu do dziedzin niewątpliwie bardzo ważnych, a mianowicie społeczeństwa i gospodarki, słusznie nazwano „Ku modernizacji Polski" z dodatkiem: projekt lewicowej koncepcji społeczno-ekonomicznej modernizacji kraju. Zawarte w niej oceny i diagnozy, rozbudowane bardziej szczegółowo w rozdziale *Trzecia Rzeczpospolita a lewica*, tworzą dobrze zaprezentowaną ocenę sytuacji i problemów współczesnej Polski, a przede wszystkim społeczeństwa polskiego.

Myślę jednak, że niektóre oceny i propozycje należałoby rozbudować. Warto także dodać lub silniej podkreślić pewne kwestie, które zarówno w diagnozie, jak i propozycjach programowych zostały potraktowane „zbyt syntetycznie" lub pominięte. Niektóre też wymagają innego ujęcia, a nawet można je uznać za co najmniej dość dyskusyjne.

Kwestia pierwsza, najogólniejsza, to konieczność przyjęcia za podstawę zarówno rozważań dotyczących ocen „przebytej drogi", jak i perspektyw dynamicznej formuły demokracji, tak jak się ją postrzega w XXI wieku. We współczesnym ujęciu bowiem demokracja obejmuje nie jeden, ale trzy najważniejsze obszary: polityczny (obywatelski), społeczny (socjalny) i ekonomiczny. Takie ujęcie demokracji jest jednocześnie przykładem jej rozwoju jako normatywnej koncepcji, opartej zarówno na ideach i wartościach, jak i na ujęciach instytucjonalnych. Dotyczy to zwłaszcza demokracji społecznej (socjalnej) oraz demokracji ekonomicznej, obejmującej sferę gospodarczą. Warto przy tym podkreślić, że takie ujęcie charakteryzowało podstawowe dokumenty przyjęte w wyniku obrad Okrągłego Stołu. Zawarto w nich program tworzenia w Polsce systemu demokratycznego w sferze polityki, wielosektorowej gospodarki opartej na rozbudowanej partycypacji pracowniczej, dialogu i sprawiedliwości społecznej. U progu tworzenia III RP znalazł się nie tylko założycielski mit „przejścia" do nowej formacji drogą negocjacji i kompromisu, drogą demokratyczną, lecz także zarys modelu społeczno-gospodarczego, który zawierał ważne cechy demokracji właśnie w sferze społecznej i ekonomicznej. W sferze społecznej miały być nie tylko wyeliminowane czy ograniczone stany rodzące niesprawiedliwość w warunkach „realnego socjalizmu", ale jednocześnie stworzone mechanizmy służące egalitaryzmowi społecznemu. Przykładem były chociażby zapisy dotyczące dostępu do instytucji i służby zdrowia czy ograniczenia nie tak dużego przecież w tamtych warunkach, ale wzrastającego zróżnicowania społecznego. Postrzeganie demokracji jako ustroju obejmującego także sferę ekonomiczną wyrażało się nie tylko w projektowaniu i preferowaniu wielosektorowego systemu gospodarczego, ale przede wszystkim w silnym i autentycznym udziale pracowników w zarządzaniu, partycypacji pracowniczej.

W ocenach postanowień Okrągłego Stołu, przyjętego wówczas modelu społeczno-gospodarczego, na tę instytucję demokracji gospodarczej zwracano szczególną uwagę. Charakteryzując najważniejsze postanowienia Okrągłego Stołu w zakresie transformacji systemu ekonomicznego, Władysław Baka, jeden z głównych jego uczestników, stwierdza, że przyjęto w nich „po pierwsze budowę nowego ładu ekonomicznego, określanego jako społeczna gospodarka rynkowa, opartego na pluralistycznej strukturze własnościowej, samorządności i partycypacji pracowniczej, rozwoju przedsiębiorczości i konkurencji oraz na zasadach jednolitej polityki finansowej wobec wszystkich przedsiębiorstw, niezależnie od «form własności»"[1]. W innym miejscu cytowany autor przypomina: „natomiast po zwycięstwie w wyborach parlamentarnych i przejęciu władzy przez «Solidarność» (...) nastąpiła zasadnicza zmiana kursu uzgodnionego przy Okrągłym Stole (...) okoliczności te wywarły istotny wpływ na proces transformacji ustrojowej"[2]. Punktem wyjścia tworzenia nowego ładu, transformacji ustrojowej, stała się tzw. szokowa terapia, nazywana w skrócie reformą Balcerowicza, prywatyzacja, presja na państwowe przedsiębiorstwa, uregulowania niosące za sobą z jednej strony upadłość nierentownych przedsiębiorstw, gwałtowny wzrost bezrobocia, zahamowanie potężnej inflacji, rozwój założycielskiej przedsiębiorczości, a z drugiej zaostrzające istniejące lub rodzące nowe kwestie społeczne.

Założenia przyjęte w postanowieniach Okrągłego Stołu, ich znaczna część, a przede wszystkim podstawowe cechy modelu ekonomiczno-społecznego, zostały następnie wpisane do nowej konstytucji z 1997 roku. Społeczna gospodarka rynkowa została uznana za modelowe rozwiązanie w sferze społeczno-gospodarczej. W modelu tym, poza ogólnymi celami gospodarowania, silnie podkreślano społeczne prawa obywateli, gwarancje dostępu do podstawowych usług publicznych (edukacja, zdrowie), obowiązki państwa (władzy publicznej) w zakresie zaspokojenia podstawowych potrzeb, w tym potrzeb materialnych i mieszkaniowych. Pytaniem więc zasadniczym, dotyczącym także oceny właśnie z lewicowego punktu widzenia już przecież dwóch dekad polskiej transformacji, powinna być kwestia, dlaczego nie były realizowane już nie tylko ogólne założenia modelu społeczno-gospodarczego, ale konstytucyjne prawa obywateli naszego kraju.

Odpowiedź na to pytanie jest tym bardziej ważna, że formacje lewicowe albo miały istotny wpływ na przebieg transformacji, albo sprawowały rządy. Należy przy tym podkreślić, powołując się na opinię T. Kowalika, zaprezentowaną w książce *Polska transforma-*

[1] W. Baka, *W tyglu transformacji ustrojowej*, Książka i Wiedza, Warszawa 2004, s. 14.
[2] Ibidem.

*cja*, że założenia i praktyka tworzenia nowego ładu społeczno-gospodarczego to „radykalny, niezwykle daleko idący na prawo, skok transformacyjny od rzeczywiście pionierskich punktów startu – porozumień z sierpnia 1980 r. i Okrągłego Stołu, które tworzyły podstawy czegoś znacznie ambitniejszego niż liberalna demokracja i kapitalizm typu anglosaskiego – do negocjacyjno-korporacyjnego ładu społecznego"[3]. Powołując się na znaną książkę amerykańskiego politologa D. Osta, słusznie podkreśla cytowany autor, że „przeciwdziałając pewnej równowadze klasowej pomiędzy kapitałem i pracą, a nawet ją niszcząc, polska odmiana kapitalizmu i demokracji nie spełnia minimalnych kryteriów demokratyczno-liberalnych"[4]. Są to właśnie przykłady oceny przebiegu transformacji z lewicowego punktu widzenia.

## 2. Nowa wielosektorowość gospodarki

Uwagi te i opinie wiążą się z ogólną koncepcją modelu gospodarczo-społecznego zaprezentowaną w *Projekcie dla Polski* nazywaną perspektywą demokratycznego kapitalizmu czy w innym fragmencie demokratycznym liberalizmem.

W *Projekcie dla Polski* stwierdza się w tej sprawie, że taki punkt widzenia nie jest tożsamy z ideologią trzeciej drogi, ale w zasadzie nie wychodzi on wyraźnie poza perspektywę demokratycznego kapitalizmu. Nie wychodzi nie dlatego, że owa perspektywa może być traktowana jako „ostateczne i najlepsze ujęcie form ludzkiego bytowania. Całkiem przeciwnie, demokratyczny kapitalizm ma głębokie defekty, których przezwyciężenie wymagać będzie najpewniej bardzo gruntownych jego zmian. W obecnej sytuacji historycznej nie rysują się jednak żadne realistyczne perspektywy takich zmian, żadne jasno sprecyzowane alternatywy" (*Projekt dla Polski*).

Można powiedzieć, że ład społeczny ukształtowany według modelu czy zasad demokratycznego kapitalizmu odpowiadałby właśnie kryteriom demokratyczno-liberalnym, które – jak słusznie podkreśla cytowany wyżej T. Kowalik – nie były przestrzegane w Polsce mimo formalnego głoszenia ich realizacji i liberalnego „wyznania wiary" przez większość elit politycznych. Instytucjonalna lewica

---

[3] T. Kowalik, *www.polskatransformacja.pl*, Warszawskie Wydawnictwo Literackie Muza, Warszawa 2009, s. 227.
[4] Ibidem.

symbolizowana przede wszystkim przez SLD w swych działaniach, a nawet próbach „korekty rzeczywistości", nie przekraczała tego progu i pewnie warto powiedzieć dlaczego.

Jeśli już uznaje się społeczno-gospodarczy model demokratycznego kapitalizmu czy demokratycznego liberalizmu za jedynie realny i możliwy do realizacji, to powinien on być znacznie wzbogacony o dwie szczególnie ważne zasady, a mianowicie partycypację i właśnie sprawiedliwość społeczną, opartą przede wszystkim na równości szans, która jest niemożliwa do osiągnięcia bez społecznego solidaryzmu. Z kolei jego rozwój może następować dzięki stwarzaniu możliwości aktywnych działań na rzecz obrony swoich interesów i zaspokajaniu potrzeb dla tych, których mechanizm rynkowy i wolność rynkowa stawiają w gorszej sytuacji, aż do marginalizowania włącznie. Dlatego też uważam, że model społeczno-gospodarczy mający być wyrazem lewicowej alternatywy dla Polski powinien się nazywać modelem demokracji partycypacyjnej i wieloaspektowej gospodarki.

Demokracja partycypacyjna jest bowiem czymś więcej niż demokracja parlamentarna, obejmuje ona różne dziedziny życia, dotyczy także samorządowych struktur władzy, odnosi się do sfery gospodarczej. W koncepcjach demokracji partycypacyjnej i opartych na nich rozwiązaniach instytucjonalnych mieści się również instytucja dialogu społecznego. Dialog społeczny, partnerski i obywatelski stał się symbolem współczesnych koncepcji demokracji i właśnie w lewicowej alternatywie powinien on znaleźć znaczące miejsce. Dialog jest także formą realizacji zasad partycypacji, uczestnictwa zarówno w dalszym ciągu przecież bardzo ważnym obszarze stosunków pracy, jak i strategii gospodarczych oraz w wymiarze społeczeństwa obywatelskiego.

Partycypacja pracownicza i obywatelska na różnych poziomach i w różnych obszarach powinna być filarem nowoczesnej demokracji, a nie instytucją ograniczoną do relacji pracownicy–pracodawcy, nawet w układzie trójstronnym, z udziałem władzy państwowej i samorządowej.

Z realizacją zasady równych szans wiążą się z kolei struktura własnościowa i cele realizowane przez różne sektory gospodarcze, w tym sektor usługowy, którego znaczenie będzie stale wzrastało. Związana jest z tym również wielosektorowość gospodarki, która wykracza poza granice i interwencjonizm, jest czymś więcej niż sfera regulacyjna, zarysowana w podrozdziale *Ku moderniza-cji Polski*, przedstawiona w nim alternatywa nowej syntezy zracjo-nalizowanej koncepcji państwa opiekuńczego i interwencjonizmu.

Mimo że własność nie odgrywa już tak dużej roli jak w przeszło-ści z uwagi na postępujący od dłuższego czasu rozdział własności od zarządzania i dominację różnych form kapitału akcyjnego, wła-śnie wielosektorowość pozostaje ważnym czynnikiem także struk-turotwórczym, oddziałującym na poziom polaryzacji społeczeństwa, a tym samym realizację zasady równych szans.

Wielosektorowość gospodarki może być rozumiana różnie. Tradycyjne ujęcie to podział na sektor publiczny, z wyodrębnie-niem własności państwowej i spółdzielczej (stowarzyszeniowej), sektor mieszany (publiczno-prywatny) i sektor prywatny, nazywa-ny także sektorem rynkowym. W projektowanym na przełomie lat osiemdziesiątych i dziewięćdziesiątych modelu gospodarczym, za-wartym w postanowieniach Okrągłego Stołu, tak właśnie rozumia-no wielosektorowość gospodarki. Lata późniejsze w teorii i prakty-ce przyniosły inne spojrzenie, przyjęto nowe określenia sektorów gospodarczych czy może gospodarczo-społecznych. Pierwszy sek-tor to sektor publiczny, ale jego głównym segmentem przestawa-ły być przedsiębiorstwa państwowe, sfera wytwórcza, nadal stano-wiły go zaś administracja publiczna, usługi publiczne (zwłaszcza edukacyjne, zdrowotne i ubezpieczeniowe) oraz przedsiębiorstwa infrastruktury (transport, energetyka). Sektor drugi, w gospodarce rynkowej najbardziej rozbudowany, tworzą przedsiębiorstwa pro-dukcyjne i usługowe, a sektor trzeci – organizacje pozarządowe (stowarzyszenia, fundacje, podmioty publiczno-prywatne, a także spółdzielnie socjalne). Sektor ten, nazywany trzecim, ma najwię-cej cech społeczno-gospodarczych i nie podlega on ocenom rynko-wym. W niektórych koncepcjach i aktach normatywnych zaczęto go nazywać ekonomią społeczną, traktując znacznie szerzej niż w uję-ciu „tradycyjnym", czyli jako obszar działań tzw. organizacji poza-rządowych.

Rozwój ekonomii społecznej przyczynił się do nowego spojrze-nia na łączenie celów ekonomicznych i społecznych, a co ważniej-sze, do działania w tym kierunku. Przykładem pod tym względem bardzo interesującym jest Francja, chociaż i w innych krajach eu-ropejskich sektor ekonomii społecznej staje się coraz bardziej zna-czący.

We Francji jego najważniejszymi składnikami (segmentami) są spółdzielnie, w tym spółdzielnie pracy, organizacje producentów, banki i kasy oszczędnościowe oraz różnego rodzaju usługi, w tym także medyczne. Francja należy do najbardziej „uspółdzielczonych" krajów Europy, ma bowiem 82 979 spółdzielni, 38 694 694 członków i 1 068 867 pracowników... Dodając do tego stowarzyszenia i towarzystwa wzajemnościowe, stwierdzić można, że co drugi Francuz jest członkiem jakiegoś podmiotu gospodarki społecznej, z kolei 1,6 mln osób, tj. 7% wszystkich pracujących, zatrudnionych jest w takich podmiotach. Aż 80% rolników to członkowie spółdzielni wiejskich[5].

Trzeba też podkreślić, że za najbardziej reprezentatywne dla gospodarki społecznej we Francji uważa się robotnicze spółdzielnie pracy oraz spółdzielnie dobra publicznego. Specjalne fundusze wspierają przejmowane przez pracowników likwidowane prywatne przedsiębiorstwa „co jest zjawiskiem dość popularnym w Francji"[6].

W Polsce istnieją bogate tradycje spółdzielczości. Niestety, obecnie sektor spółdzielczy został zmarginalizowany, a tworzone od niedawna spółki socjalne są ofertą dla bezrobotnych i zagrożonych wykluczeniem. Nie został również wykorzystany, jak podkreślano w oficjalnych raportach, fenomen polskiej prywatyzacji – tworzenie spółek pracowniczych i akcjonariatu pracowniczego. Spółdzielnie nawet w oficjalnych statystykach zaliczane są do sektora prywatnego. Wśród pracowników natomiast, jak wykazują badania, idea akcjonariatu pracowniczego i tworzenia spółek jest w dalszym ciągu silnie obecna, zwłaszcza wobec stałego przecież zagrożenia upadłością przedsiębiorstw i konieczności dalszej restrukturyzacji gospodarki. Lewicowa alternatywa w sferze ekonomicznej powinna przewidywać tworzenie szerokiego sektora gospodarki społecznej. Nie mniej ważne jest utrzymanie w sektorze publicznym usług edukacyjnych i zdrowotnych. Wiąże się z tym pytanie o rolę państwa w gospodarce.

W części projektu poświęconej tej sprawie stwierdza się m.in.: „Aktywność państwa jest niezbędna, ale tylko w funkcji współregulatora, mającego za zadanie korygowanie działania mechanizmu rynkowego w kierunku zapewnienia ładu ekologicznego i ładu

---

[5] A. Piechowski, *Wspieranie gospodarki społecznej*, „Obywatel" 2010, nr 1 (48), s. 1340.
[6] Ibidem.

społecznego. Uznajemy więc to za podstawowy kierunek orientacji programu współczesnej lewicy polskiej" (podrozdział *Ku modernizacji Polski*). Jest to niewątpliwie słuszna propozycja, ale zawężająca rolę państwa w gospodarce. W lewicowej alternatywie konieczne jest podkreślanie utrzymania sektora publicznego, a także tworzenie szerszego sektora gospodarki społecznej, co jest uwarunkowane „własnościowymi funkcjami" państwa, a przede wszystkim jego rolą promocyjną, nawet wspierającą tworzenie nowych form gospodarowania właśnie w formule szeroko rozumianej gospodarki społecznej. Spółdzielczość, stowarzyszenia producenckie, spółki pracownicze, banki oraz kasy pożyczkowe powinny stanowić podstawowe podmioty w tym sektorze i być oficjalnie przez państwo w różnych formach wspierane.

## 3. Społeczne bazy lewicy

W opracowaniach składających się na *Projekt dla Polski* podjęto też problem czy próbę odpowiedzi na pytanie, jakie grupy czy środowiska społeczne lewica powinna przede wszystkim reprezentować, czy do kogo mogą być adresowane jej propozycje programowe.

Lewica tradycyjnie reprezentowała ludzi pracy najemnej, a przede wszystkim robotników, ze względu na położenie klasy robotniczej, silne poczucie solidarności, wspólnoty interesów w tym środowisku, a także zdolność do aktywnych działań na rzecz rozwoju i postępu. Wynikało to również z silnego ugruntowania w środowisku robotniczym idei sprawiedliwości społecznej. Partie socjalistyczne i socjaldemokratyczne tradycyjnie miały trwały elektorat robotniczy oraz nawiązywały silne, koalicyjne relacje z najbardziej powszechną organizacją „świata pracy", ze związkami zawodowymi. Reprezentowały one oczywiście również inne środowiska społeczne, w tym inteligencję, młodzież akademicką itp. Podczas słynnych wydarzeń 1968 r. w Europie Zachodniej zarysował się swoisty sojusz młodych profesjonalistów i robotników. W Polsce szczególnie wyraziście ujawnił się on w społecznym ruchu Solidarności. W obydwu tych wydarzeniach ważną rolę odegrał czynnik pokoleniowy.

Z rewolucji europejskiej 1968 r. zrodziła się praktyka państwa dobrobytu. W ruchu Solidarności z kolei obecne były idee socjalistyczne. Powstaje zresztą ważne pytanie, czy lewica polska w warunkach XXI w. i gospodarki rynkowej powinna nawiązywać do socjalistycznych haseł i celów Solidarności, w której zresztą nie brakowało członków PZPR. Członkowie PZPR brali też aktywny udział w innych ruchach pracowniczych, tworzeniu rad robotniczych w roku 1956 czy ruchu samorządów pracowniczych w latach 1980–1981 i po roku 1989. Szkoda, że w projektach nie podkreśla się tego faktu. W projektach lewicowej perspektywy dotyczących baz społecznych stwierdza się m.in.: „Robotnicy nie stanowią już najbardziej upośledzonej i wyzyskiwanej części społeczeństwa (...) W gorszej niż robotnicy sytuacji ekonomicznej znajdują się znaczne odłamy nisko kwalifikowanych pracowników sektora usług. Jest to liczebnie coraz większa część pracujących. Ich położenie pogarsza to, że niemal zawsze zatrudnieni są w niewielkich zakładach, co utrudnia ich organizowanie się w celu obrony własnych interesów" (podrozdział _Lewica polska XXI wieku: zagadnienie tożsamości_). W propozycjach wymienia się także drobnych właścicieli rolnych i wreszcie zbiorowość ludzi trwale marginalizowanych i wykluczonych, nazywanych podklasą.

Rzeczywiście, przynajmniej część klasy robotniczej nie jest grupą znajdującą się w najgorszej sytuacji materialnej, ale niemało robotników pozostaje w sferze tzw. biedapłac. Syndrom ubóstwa w Polsce, polskiej biedy, tworzy nie tylko stale duża zbiorowość bezrobotnych. Nie mniej ważnym czynnikiem „pauperyzacji" są niskie zarobki. Minimalne wynagrodzenie w Polsce jest jednym z najniższych w Europie, a 70% zatrudnionych zarabia trzykrotnie mniej od przeciętnego Europejczyka. Klasę robotniczą nazywa się wielkim przegranym w procesie polskiej transformacji, gdyż odegrała ona najważniejszą rolę w zmianie systemu, była głównym aktorem rewolucji demokratycznej i społeczną bazą Solidarności, a nie stała się na pewno beneficjentem przemian. Nastąpiła także jej degradacja. Bezrobocie, zwłaszcza w okresie jego olbrzymiego wzrostu, dotknęło przede wszystkim robotników, dokonał się wielki transfer z dużych przedsiębiorstw, gospodarki upaństwowionej do sektora małych i średnich firm, pogorszyły się warunki pracy, nastąpił gwałtowny spadek liczby członków związków zawodowych, powstały liczne „puste pola" – obszary pozbawione związków zawodowych. Robotnicy są silnie obecni na peryferyjnym rynku pracy.

Trzeba też podkreślić, że robotnicy zatrudnieni w dużych i średniej wielkości przedsiębiorstwach, w tym w sektorze publicznym i prywatnym z udziałem kapitału zagranicznego, stanowią nadal dużą grupę. Do grupy „wielkoprzemysłowej" dołączyli zatrudnieni w transporcie i energetyce. W 2002 r. stanowili oni jeszcze 22,4% ogółu aktywnych zawodowo. Robotnicy pozostają i powinni pozostać jednym z najważniejszych środowisk, których interesy reprezentować ma lewica. Wynika to również stąd, a może przede wszystkim, że robotnicy, zwłaszcza ci zatrudnieni w dużych przedsiębiorstwach, zachowali swoją siłę sprawczą. Mogą być nadal aktywnymi aktorami, zdolnymi zapewnić swoją postawą i działaniami korektę systemu na rzecz lewicowej alternatywy. Ich interesy są przy tym zbieżne z sytuacją wzrastającej ilościowo grupy pracowników sfery usług. W tej grupie z kolei najliczniej reprezentowane są kobiety. Wielki problem dyskryminacji kobiet ma swoje społeczne konsekwencje. Trzeba przypomnieć, że w roku 2008 kobiety zarabiały 23% mniej niż mężczyźni i na razie nie widać zmian tej sytuacji.

W odpowiedzi na zadane w ramach przeprowadzonych niedawno badań pytanie, co powinno być głównym celem partii o lewicowej orientacji, większość respondentów wymieniała „pomoc ludziom biednym i wykluczonym" (blisko 90%). Niewiele mniej, bo 85%, opowiadało się za partią „walczącą o równe szanse dla wszystkich obywateli", a 62% respondentów za formacją „walczącą o interesy ludzi pracy najemnej". Orientacja właśnie na szeroko rozumianą grupę, klasę „ludzi pracy najemnej" jest więc nie tylko istotna, ale powinna być traktowana jako najważniejsza. W interesie „klasy pracującej" są także równe szanse dla wszystkich, gdyż pozostaje ona największą grupą społeczną.

Słusznie podkreśla się w projektach, że jedną z najważniejszych kwestii społecznych w Polsce, a także warunkiem i kryterium postępu modernizacji, są szanse edukacyjne, dostęp do wyższych poziomów edukacji, a przede wszystkim możliwości zatrudnienia, szanse i potrzeby młodego pokolenia, ludzi o najwyższym jak dotychczas poziomie wykształcenia. Program rozwiązywania tej kwestii obejmuje dwa przede wszystkim cele: pracę dającą możliwości rozwojowe i godziwą płacę oraz posiadanie własnego mieszkania. Obydwa te cele są niestety trudno osiągalne, a w projektach lewicowej wersji modernizacji nie nadaje się im należytego, priorytetowego znaczenia.

Bardzo słusznie wskazywał cytowany wyżej T. Kowalik, że „liczebność, wykształcenie oraz brak tanich mieszkań dla wchodzącego w dorosłe życie pokolenia kreuje je na najważniejszą siłę społeczną, która może zadecydować o losach Polski"[7].

Z raportów Międzynarodowej Organizacji Pracy wynika natomiast, że w skali globalnej poziom bezrobocia wśród młodych stale rośnie i dotyczy to również Polski. Zaczęto pisać o straconym pokoleniu. Taka groźba istnieje również w Polsce. Nie mniejsze znaczenie ma kwestia mieszkaniowa – budowa tanich mieszkań o odpowiednich standardach; być może istnieje potrzeba powrotu do autentycznej spółdzielczości mieszkaniowej, której rozwój w II Rzeczypospolitej był przecież udziałem partii socjalistycznej. Sformułowanie „uzdrowienie gospodarki mieszkaniowej" zawarte w lewicowej koncepcji modernizacji jest, delikatnie mówiąc, zbyt łagodne. Potrzebny jest nowy, dynamiczny program w tym zakresie i tylko lewica może go zaproponować. Trzeba również pomóc młodym profesjonalistom w „demokratyzacji" ich organizacji zawodowych, korporacji, stowarzyszeń itp. Młodzi profesjonaliści nie są prawdopodobnie kandydatami na członków związków zawodowych, ale mają swoje organizacje zawodowe. W tworzeniu autentycznej demokracji partycypacyjnej mogą i powinny one odgrywać ważną rolę. W lewicowej alternatywie należy uwzględnić również i ten postulat. Ocena tych organizacji, a przede wszystkim „oferta" zwiększania ich roli, chociażby w instytucjach dialogu społecznego, w podstawowych ogniwach władzy samorządowej czy w zreformowanych strukturach parlamentarnych, powinna być ważnym punktem lewicowej alternatywy. Lewica powinna zaoferować strategiczny sojusz tym organizacjom, które przecież będą skupiały coraz więcej młodych profesjonalistów.

---

[7] T. Kowalik, *Państwo dobrobytu – druga fala*, „Problemy Polityki Społecznej" 2004, nr 6, s. 47.

# STOSUNEK LEWICY III RZECZYPOSPOLITEJ DO PRZESZŁOŚCI

## ANDRZEJ ROMANOWSKI

### O triumfalizm lewicy

Spokojny, wyważony i merytoryczny ton opracowania *Projekt dla Polski – założenia* budzi szacunek. Musimy jednak pamiętać o miejscu i o czasie. O naszym polskim, szalonym czasie. Ze względu na stosunek do przeszłości i tradycji to polskie miejsce i czas zagospodarował – od dłuższego już czasu – prawicowy nurt Solidarności. Dziś wciela go w życie PiS. Nie bez przyczyny batalia o IV RP rozegrała się na gruncie historii („pamięci narodowej"). Ta batalia posłużyła się kłamstwem. Lewica (lub ktokolwiek na jej miejscu) musi umieć to kłamstwo pokazać z całą bezkompromisowością.

Nie jestem człowiekiem lewicy, ale może właśnie dlatego mogę powiedzieć to, czego człowiekowi lewicy powiedzieć zapewne nie wypada. Tradycja lewicowa bowiem – bardziej niż którakolwiek inna – była w Polsce (i nie tylko w Polsce) tradycją patriotyzmu i wolności. Oczywiście: jej zaprzeczeniem była u nas i SDKPiL, i KPP, i PPR, ale czy tradycja tych partii – to w ogóle tradycja lewicowa? Liderka emigracyjnego socjalizmu niepodległościowego Lidia Ciołkoszowa mawiała, że komunizm i faszyzm to takie same zagrożenia totalitarne: spoza demokracji. Gdyby więc przyjąć takie założenie zawężające, można by dodać, że wszystko, co w Polsce było elementem ruchu i zmiany (a więc także walki z uciskiem – społecznym i narodowym), miało – z samej natury rzeczy – lewicowy charakter. I tak działo się również w PRL. Bunt przeciw komunistycznej rzeczywistości artykułował się – w październiku 1956, marcu 1968, grudniu 1970, czerwcu 1976, sierpniu 1980 – zawsze i niezmiennie w lewicowym paradygmacie.

Jeżeli jednak będziemy pamiętać o cytowanej w opracowaniu formule Andrzeja Walickiego („patriotyzm jako obrona realistycznie pojętego interesu narodowego") – to będziemy też mogli przyjąć formułę rozszerzającą. Za szczerych patriotów będziemy mogli bowiem uznać także tych, którzy opowiadali się przeciw tendencjom narażającym byt narodowy na niebezpieczeństwo. Nie rozstrzygając o motywacjach ani nie przesądzając ustaleń historyków, trzeba uznać, że nie ulega już dziś wątpliwości, iż bez Władysława Gomułki i Wojciecha Jaruzelskiego dzieje Polski drugiej połowy XX w. potoczyłyby się znacznie gorzej, z pewnością tragicznie. Niestety, w ślad za PiS-owską „polityką historyczną" daliśmy sobie wmówić, że patriotą jest ten tylko, kto wzywa do powstania. A przecież w naszej historii nader często działo się akurat odwrotnie – i nieprzypadkowo tak nieskazitelni patrioci jak krakowscy stańczycy piętnowali *liberum conspiro*.

Opracowanie słusznie podkreśla ideowy i etyczny wymiar uprawiania polityki. Jednak wymiar taki nie stoi w sprzeczności ze zgodą na dyktaturę prawd absolutnych. Lewica powinna umieć upomnieć się o CAŁOŚĆ narodowego dziedzictwa, a tym samym być gotowa do przyjęcia różnych tradycji, uwzględniania różnych punktów widzenia. Również rozmaitych tradycji prawicowych, które przez dzisiejszą prawicę są traktowane tak płytko i tak instrumentalnie. A przecież w tradycji konserwatywnej czy nawet narodowodemokratycznej (endeckiej) znajduje się szereg wątków wartych kontynuacji (np. opcja europejska Romana Dmowskiego, o której się nie pamięta). Skoro prawica zawłaszcza tradycję, manipuluje nią i fałszuje ją, lewica powinna o nią się upomnieć. Upomnieć się o PRAWDĘ.

Jeżeli więc opracowanie wspomina polską lewicę antykomunistyczną, to powinno powiedzieć także o powojennych „niezłomnych": Kazimierzu Pużaku, zmarłym w komunistycznym więzieniu, i Tomaszu Arciszewskim, ostatnim premierze rządu „londyńskiego". Jeżeli zaś odżegnujemy się od tradycji KPP, to powinniśmy głośno mówić, że pierwszymi ofiarami Stalina byli – przed Katyniem! – polscy komuniści. Gdyby zaś tezę taką uznano za nadużycie (bo pierwszymi ofiarami bolszewizmu byli już w 1918 r. żołnierze POW), to możemy odpowiedzieć: POW – to również tradycja polskiej lewicy, bo i Piłsudski lokował się – przez ogromną większość swego życia – po stronie socjalizmu.

Lewica musi kształtować patriotyzm nie (jak PiS) bitewno-klęskowy i nie (jak PO) pragmatyczny, lecz INTEGRALNY. Byłby to patriotyzm stanowiący apoteozę zarówno walki zbrojnej (pod warunkiem że została poprzedzona rzetelną polityczną kalkulacją), jak i polityki ugody (która pozwalała narodowi na lata wytchnienia i poszerzanie przestrzeni wolności). W obu aspektach właśnie lewica ma największe doświadczenie. Z jednej strony bowiem może się powołać na PPS-owskie hasło „niepodległość i socjalizm", z drugiej – na antyniepodległościowy, ale realizowany w imię długofalowego interesu narodowego charakter PRL. (To ostatnie stwierdzenie można uznać za naiwne, jednak oddanie władzy przez PZPR w następstwie Okrągłego Stołu nie może takiej interpretacji wykluczyć). Lewica powinna więc umieć „sprzedać" oba, na pozór sprzeczne doświadczenia.

Tym samym musi podjąć walkę o redefinicję polskiego patriotyzmu, o zmianę jego paradygmatu. Dziś bowiem nasz patriotyzm jest zaprzeczeniem siebie, jest – by użyć formuły Bronisława Łagowskiego – kultem samego siebie, kultem samego patriotyzmu. To zwłaszcza na gruncie skłamanej historii powinna lewica wydać bitwę prawicy. Powinna – powtórzę – upomnieć się o wielonurtowość polskiej tradycji oraz o prawdę.

Opracowanie zbyt powściągliwie, w mym mniemaniu, traktuje sprawy religii. To prawda, że lewica, w imię pozytywnych celów, musi jednoczyć ludzi bez względu na wyznanie. Jest jednak w Polsce wielu rozczarowanych katolików, depozytariuszy posoborowego „katolicyzmu otwartego", którzy nie mogą pogodzić się z tym, co dziś wyczynia Kościół abpa Michalika. „Katolicyzm otwarty" miał zawsze silniejsze lub słabsze znamię lewicowości – nieprzypadkowo Jerzy Turowicz określał siebie mianem „chrześcijańskiego socjaldemokraty", a w wyborach prezydenckich 1995 r. popierał Jacka Kuronia. Nie mam złudzeń co do siły „katolicyzmu otwartego" – w dzisiejszej Polsce to zapewne kilka osób. Jak jednak mam określić tę część mojej własnej rodziny, która jest żarliwie katolicka, wręcz dewocyjna (stałe przystępowanie do komunii, stały udział w pielgrzymkach), a równocześnie głosuje konsekwentnie na SLD czy – jak w ostatnich wyborach – na Grzegorza Napieralskiego? Zmianę charakteru polskiego katolicyzmu lewica powinna również wziąć na swe sztandary. Zgoda, będzie to dla lewicy balast dość kłopotliwy, ale jeśli nie ona go podejmie – to kto?

Andrzej Kurz

## Uwagi o stosunku lewicy III Rzeczypospolitej do własnej przeszłości

Stosunek lewicy III Rzeczypospolitej do własnej przeszłości może i powinien być punktem wyjściowym do określenia jej tożsamości. Sama jednak lewica, jak się wydawało, nie okazywała specjalnego zainteresowania swą przeszłością, a nawet jakby uciekała od niej. Istniały zapewne po temu w minionym dwudziestoleciu szczególne przyczyny. Wkrótce po kompromisie Okrągłego Stołu i wysokim zwycięstwie dawnej opozycji w wyborach parlamentarnych czerwca 1989 r. debacie publicznej zwycięzcy narzucili pojęcie III Rzeczypospolitej, zanotowane ostatecznie i uprawomocnione w Konstytucji RP uchwalonej w powszechnym referendum w 1997 roku. Właśnie język przyjęty po 1989 r., a także gesty wykonywane przez przejmującego po Wojciechu Jaruzelskim funkcję prezydenta RP Lecha Wałęsę usiłowały powiązać system panujący od końca 1989 r. bezpośrednio z II Rzecząpospolitą. III Rzeczpospolita miała wręcz wyrastać z II Rzeczypospolitej (m.in. przez traktowanie Ryszarda Kaczorowskiego jako prezydenta RP przekazującego prezydentowi III Rzeczypospolitej symbole II Rzeczypospolitej, podczas gdy Kaczorowski był tylko powołanym w atmosferze sporów skłóconych ze sobą niewielkich grup emigracji londyńskiej, nieumocowanym w żadnym porządku prawnym i przez żadne podmioty prawa nieuznawanym, a w Polsce wręcz już nikomu nieznanym, jednym z tzw. prezydentów na uchodźstwie).

Ten pozaprawny język gestów i niewielkich symboli miał uczynić swego rodzaju „czarną dziurę" z Polski Ludowej, państwa funkcjonującego oficjalnie od 1945 r. do 1989 r. (do 1953 r. nazywającego się Rzecząpospolitą Polską, a następnie, w nowej konstytucji, nazwanego Polską Rzecząpospolitą Ludową), uznawanego jednoznacznie w polityce i prawie międzynarodowym, a także traktowanego powszechnie przez Polaków oraz ugrupowania polityczne i ruchy obywatelskie w kraju jako jedyne i prawnie działające.

Próba wyłączenia Polski Ludowej z państwowej ciągłości Polski nie przyniosła w końcu formalnego rezultatu. Musiałaby zresztą stać się dla prawnej i międzynarodowej pozycji III Rzeczypospolitej prawdziwą katastrofą. Dziś też już nikt, kto używa argumentów racjonalnych, nie podważa zasady ciągłości i kontynuacji państwowości po II Rzeczypospolitej przez Polskę Ludową. Jednak również formacje polityczne polskiej lewicy w III Rzeczypospolitej, nawet wówczas, kiedy uczestniczyły we władzy państwowej (a trwało to w dwudziestoleciu lat dwanaście) czy współtworzyły Konstytucję III RP, nie potrafiły oficjalnie zadeklarować, że Polska Ludowa była państwem polskim, ze wszystkimi atrybutami legalności i ciągłości.

Istnieje oczywiście swego rodzaju historyczno-ustrojowa więź między II i III Rzecząpospolitą – obie są mianowicie państwami demokratycznego kapitalizmu. Polska Ludowa była zaś państwem ustrojowo i społecznie od nich odmiennym – Polską ludową właśnie. A więc państwem, w którym rzeczywistym hegemonem był lud, czyli (w pewnym uproszczeniu): klasa robotnicza, chłopstwo i nowa inteligencja. Lud pozostawał przez pełne dwa pokolenia u władzy, awansował społecznie, realizował pozytywnie swój szczególny interes, a także używał przemocy w stosunku do swoich przeciwników i wbrew ich interesom.

Polska Ludowa ukształtowała się jako państwo w szczególnych okolicznościach, mianowicie wojny toczącej się w skali światowej. W ówczesnych warunkach, w latach 1944–1945, w Polsce oprócz powszechnego, ludowego właśnie (obejmującego także większość inteligencji) dążenia do głębokiej zmiany ustrojowej w porównaniu z przedwojenną II Rzecząpospolitą (choć dążenia niewyrażonego w wolnych wyborach), decydowała obca obecność i przemoc, ograniczająca – przy faktycznej zgodzie wszystkich zwycięskich w wojnie i narzucających warunki pokoju mocarstw – suwerenność państwową Polski.

To jednak w łonie komunistycznej oraz skłonnej do porozumienia z komunistami ówczesnej lewicy polskiej powstała i realizowała się materialnie koncepcja Polski jako państwa o władzy ludowej, opartego na jedynie możliwych do osiągnięcia warunkach porozumienia ze zwycięskim Związkiem Radzieckim i urzeczywistnienia w tej postaci polskiej racji stanu, tzn. istnienia państwa gwarantującego Polsce i Polakom pokojowe przeżycie, korzystne usytuowanie w Europie, integralność terytorialną i rozwiązanie kwestii narodowej oraz możliwości szybkiej modernizacji i rozwoju kulturalnego.

Poczynając zaś od wymuszonych przez ruch mas ludowych (przede wszystkim klasy robotniczej i inteligencji) zmian we władzy i zwrotu politycznego o konsekwencjach również międzynarodowych, czyli od przemian symbolicznego polskiego Października '56, Polska Ludowa, choć geopolitycznie nadal uzależniona, nie jest już zniewolona. Przemiany Października '56 dokonane w sprzyjającej sytuacji międzynarodowej, bardzo głębokie w systemie ustrojowym, sposobie sprawowania władzy, kulturze i ogólnym poczuciu wolności, choć później atakowane przez polski i międzynarodowy neostalinizm, stały się, można powiedzieć, półmetkiem na drodze do pełnej suwerenności uzyskanej przez Polskę, znowu w sprzyjających okolicznościach międzynarodowych, w 1989 roku. Wielką rolę w tych przemianach odegrał ferment intelektualny, ideowy i polityczny w łonie polskiej lewicy i jej partii.

Potwierdzają to dziś badania i rozważania naukowe wielu wybitnych historyków i myślicieli, żeby przytoczyć tylko analizę polskiego komunizmu i odchodzenia od niego dokonaną przez Andrzeja Walickiego i Andrzeja Werblana – w odniesieniu do polskiego stalinizmu. Wydaje się, że współczesna polska lewica, mimo np. wysiłków Stowarzyszenia Kuźnica[1], słabo korzysta z tego dorobku intelektualnego.

Jest rzeczą udowodnioną, że w środowiskach lewicy, od połowy lat pięćdziesiątych minionego wieku poczynając, następowała stopniowa erozja, a następnie pełna katastrofa mitu założycielskiego Polski Ludowej: koncepcji dyktatury proletariatu sformułowanej przez Lenina na gruncie Marksowskiej idei. Fałsz podstawowy tej koncepcji, popularnej w XX w. w wielu społeczeństwach świata, tkwił w założeniu, że klasa robotnicza (przy całym jej światowym zróżnicowaniu) tym różni się od wszystkich innych, że jest pozbawiona egoizmu klasowego, wyrażającego się w interesie partykularnym. Tymczasem egoizm klasowy warstw ludowych, w tym i klasy robotniczej, ujawnił się w Polsce Ludowej w całej pełni, choć niewątpliwie różnił się on bardzo korzystnie w warstwie

---

[1] Mam na myśli m.in. wielką sesję z udziałem kilkuset uczestników, zorganizowaną przez Stowarzyszenia Kuźnica pod patronatem wicemarszałka Sejmu RP i w gmachu sejmu w 50-lecie Października, z referatami Andrzeja Walickiego, Karola Modzelewskiego, Andrzeja Werblana, Tadeusza Kowalika, Józefa Tejchmy i Lechosława Goździka oraz wystąpieniami liderów SLD Wojciecha Olejniczaka i Grzegorza Napieralskiego.

moralnej i materialnej od egoizmu klasowego grup panujących w II Rzeczypospolitej i przyniósł ludowi historyczny awans społeczny oraz niezwykły rozwój cywilizacyjny i kulturalny. Można także powiedzieć, że lud, z czołową w nim rolą klasy robotniczej, stał się ostatecznie w 1989 r., ale poczynając w szczególności od 1980 r., grabarzem swej hegemonii i wyraził następnie, na drodze demokratycznej, zgodę na zbudowanie w Polsce państwa demokratycznego kapitalizmu, nazwanego III Rzecząpospolitą.

Idea władzy klasy robotniczej – dyktatury proletariatu – przybrała w Polsce Ludowej, wkrótce po wchłonięciu socjaldemokratycznej i patriotycznej Polskiej Partii Socjalistycznej przez komunistyczną Polską Partię Robotniczą i powstaniu w 1948 r. Polskiej Zjednoczonej Partii Robotniczej, postać populizmu w wersji stalinowskiej[2].

Tymczasem najważniejszym dorobkiem ideowym lewicy w Polsce Ludowej była nie idea dyktatury proletariatu, lecz koncepcja polskiej drogi do socjalizmu powstała w łonie Polskiej Partii Socjalistycznej, ale uznana także przez Gomułkowski, „narodowo komunistyczny" nurt w Polskiej Partii Robotniczej. Koncepcja realizowana od początku w sposób kaleki, ale zasługująca na to, aby posłużyć jako historyczny tytuł legitymizujący lewicę także w III Rzeczypospolitej.

Dlaczego jednak lewica polska po 1989 r. nie nawiązała do tej idei jako historycznego wiana? W pewnej mierze wynikało to z osłabienia historycznej ciągłości nurtu socjaldemokratycznego, stale mimo wszystko trwającego w PZPR, chociażby jako epitet w ustach neostalinowców wobec wewnątrzpartyjnych przeciwników. Nie nastąpiło bowiem w 1956 r. odrodzenie Polskiej Partii Socjalistycznej. Decydującym wówczas argumentem było to, że istnienie jednej tylko partii o genezie robotniczej jest wymogiem polskiej racji stanu, a wracający do władzy Gomułka zapowiedział i w pewnym sensie realizował powrót do polskiej drogi do socjalizmu. Późniejsza zmiana pokoleniowa spowodowała, że idea partii socjaldemokratycznej, zasadzającej się na tradycyjnej PPS-owskiej triadzie: Wolność,

---

² Populizm, występujący do dzisiaj w różnych miejscach i społeczeństwach świata, jest ruchem mas społecznie wykorzenionych i niezakorzenionych, sfrustrowanych i ksenofobicznych, szukających rozwiązań egalitarnych, natychmiastowych i niepraworządnych, skłonnych do przyjęcia władzy dyktatorskiej. (W dzisiejszej Polsce do głosu dochodzi populizm w wersji katolicko-narodowej).

Równość, Niepodległość, stała się tylko echem przeszłości lub służyła próbom doraźnej manipulacji.

W swym schyłkowym już okresie PZPR przeżyła próbę oficjalnego powrotu wartości socjaldemokratycznych i ukształtowania we własnym gronie kierowniczym, pod przewodnictwem ostatniego I sekretarza KC, Mieczysława Rakowskiego, nurtu politycznego o charakterze nowej, europejskiej partii socjaldemokratycznej.

Nurt ten jako współtwórca kompromisu Okrągłego Stołu dążył do zajęcia partnerskiego miejsca w nowo tworzonym, ale przecież kontynuującym prawnie przeszłość i prowadzącym do demokratycznego kapitalizmu i europejskiej wspólnoty państwie suwerenności demokracji i gospodarki rynkowej. Próba ta wewnątrz partii nie powiodła się, doprowadziła tylko do tego, że PZPR rozwiązała się własną decyzją na ostatnim, XI Zjeździe i „sztandar wyprowadzono". Stworzono jednocześnie szansę dla powstania nowej partii o charakterze socjaldemokratycznym, typowej dla Międzynarodówki Socjalistycznej i przez nią uznawanej, mogącej dysponować wielkim dziedzictwem historycznym.

Jednak kilkumilionowa masa byłych członków PZPR i ludzi z nią związanych, w decydującej części zupełnie nieokreślonych ideologicznie, wybierająca w przeszłości akces do partii jako poszukiwaną przez system swoistą deklarację lojalności wobec ustroju państwowego, a zarazem cenę za indywidualny i rodzinny spokój życiowy, wpadła we frustracyjne lęki. Dlatego biernie przyjęła narzuconą przez politycznych zwycięzców atmosferę dychotomicznego podziału, w którym Polska Ludowa była częścią imperium zła, a rozwiązana PZPR i każda socjalistyczna lewica – nosicielką komunizmu. Epitetem tym prawicowi, religijni i ksenofobiczni fundamentaliści opatrywali wszystko, co związane z niedawną przeszłością.

Zresztą cała posolidarnościowa formacja postanowiła przekreślić porozumienia Okrągłego Stołu, traktując jedynie jako swych partnerów, ale tylko przejściowych i niegodnych dotrzymywania wobec nich umów, tych polityków, którzy znaleźli się po wyborach czerwca 1989 r. w pierwszych strukturach władzy III RP – jej prezydenta Wojciecha Jaruzelskiego i ministrów rządu – Czesława Kiszczaka i Floriana Siwickiego. To znaczy najwyższej rangi generałów, którzy mieli swe umocowanie w strukturach przemocy Polski Ludowej

i dysponowali najtajniejszymi informacjami, także o ludziach soli-
darnościowej opozycji, obecnych zwycięzcach.

Nowo powstała pod przywództwem Aleksandra Kwaśniewskiego
Socjaldemokracja Rzeczypospolitej Polskiej była partią małą, kil-
kudziesięciotysięczną, od początku podlegającą atakom i oskarże-
niom. Jej grupa kierownicza musiała skupić całą energię na skutecznym udziale sił polskiej lewicy we współtworzeniu dobrych
podstaw ustrojowych III Rzeczypospolitej, a także na doprowadze-
niu do uznania udziału lewicy w działalności publicznej za normę
demokracji i na ochronie własnych kadr przed losem przygotowy-
wanym im przez prawicowych fundamentalistów.

Osiągnięcia SdRP, a także pozostającego pod jej wpływem, odzie-
dziczonego po PZPR klubu poselskiego w pierwszym Sejmie III RP,
którego demokratyczną legitymację usiłowano cały czas podważyć,
mówiąc o jego „kontraktowym" charakterze, a który okazał się najbardziej odpowiedzialnym i skutecznym sejmem w całej III RP, pozostają na miarę epoki. Epoki wielkiej zmiany w Polsce, Europie
i na świecie, w której decydujące o losach Polski czynniki geopoli-
tyczne nie leżały tylko w rękach Polaków i wymagały od przestrze-
gających zasad demokracji sił politycznych Polski stałego kompromisu na gruncie racji stanu i jej zmieniających się stopniowo
uwarunkowań.

Sposób sprawowania lub współsprawowania przez ugrupowania lewicy władzy w III Rzeczypospolitej wskazywał na dokonane
przez nią głębokie przewartościowanie własnej historii. Tak stało
się w trakcie procesu podstawowego dla współczesnej polskiej racji stanu – wprowadzania Polski do struktur NATO i otwierającej
Polsce najlepszą przyszłość integracji w Unii Europejskiej. Wielką
wagę historyczną miały również państwowe gesty, m.in. symbolicznego pojednania w Jedwabnem, wskazujące na poczucie odpowiedzialności Polaków za akty antysemityzmu w przeszłości.

Wszystkie te wydarzenia związane były w znacznej mierze z dzia-
łalnością Aleksandra Kwaśniewskiego jako przywódcy nowej polskiej socjaldemokracji, a następnie przez dziesięć lat sprawującego
w wyniku wyborów powszechnych urząd Prezydenta RP.

Jednak działające w Polsce siły demokracji parlamentarnej, w tym
także lewica, jakkolwiek uznały od samego początku jako zasadę
konstytucyjną, że państwo polskie jest państwem prawa, nie były
w stanie jednoznacznie przyjąć w życiu publicznym i w praktyce

politycznej jedynie możliwej normy, że karze mogą podlegać tylko te działania jednostek i instytucji w czasach sprzed zmiany ustroju, które naruszały obowiązujące wówczas prawo. A było takich działań niemało w strukturach aparatu przemocy, także w nadzorujących je strukturach partii. Nieprzyjęcie takiej wykładni prawa utrudniało lewicy rozprawę z nieprawościami przeszłości, paradoksalnie bowiem umożliwiało winowajcom ukrywanie się za narzucaną przez fundamentalistów zasadą zbiorowej odpowiedzialności.

W przeszłości polskiej lewicy pozostają jeszcze do osądzenia, jak się wydaje, rzadkie i odnoszące się w zasadzie do pokolenia pozostającego przy władzy przed 1956 r., a więc już nieżyjącego, przypadki zdrady stanu, to znaczy służby strukturom państwa sowieckiego. Do tego jednak potrzebny jest dostęp do poradzieckich archiwów, dziś jeszcze szczelnie zamkniętych.

Powoływane w drodze ustaw instytucje w rodzaju Instytutu Pamięci Narodowej, jak również niektóre uchwalane przez parlament dokumenty dotyczące oceny okresu Polski Ludowej, obciążone są jak grzechem pierworodnym nieposzanowaniem ciągłości prawnej państwa i zakładaniem przynależności Polski Ludowej do imperium zła. Brak poczucia nadrzędności prawa i jego ciągłości jest do dzisiaj główną przyczyną niestabilności systemu demokracji w III RP i jego zagrożeń ze strony fundamentalistycznej, populistycznej prawicy, głoszącej potrzebę budowy nowej, IV Rzeczypospolitej.

Nie służą także demokracji i prawu manifesty takie jak zawarty w uznawanym za miarodajny artykule Ewy Milewicz *SLD mniej wolno* w stojącej skądinąd na gruncie demokracji i prawa „Gazecie Wyborczej".

Tego rodzaju sytuacja i atmosfera w życiu publicznym powodowały, że lewica i jej ugrupowania dyskusję o wartościach ideowych i opartym na nich stosunku do przeszłości odsuwała na drugi plan. Wymagałaby ona bowiem od formacji lewicy wielkiego wewnętrznego napięcia ideowo-moralnego i być może nawet eliminowania z jej szeregów tych, którzy z Polski Ludowej wynieśli przede wszystkim dążenie do kariery i dobrobytu, a czasem nawet zainteresowanie ukryciem własnej przeszłości.

Najłatwiejszym sposobem ochronienia się przed oskarżeniami o odpowiedzialność za nieprawości i przestępstwa w Polsce Ludowej wydawał się ekipie kierowniczej SdRP argument „późnego urodzenia". Tymczasem fakt zmiany pokoleniowej, jakkolwiek zawsze ważny w dziejach, nie jest sam w sobie źródłem wartości ideowych i politycznych, nie wspominając o możliwościach intelektualnych formacji politycznej w jej spojrzeniu na przeszłość, ale także właśnie na przyszłość. Pokolenie Aleksandra Kwaśniewskiego urodziło się już po śmierci Stalina. Stąd też wypływa niechęć do akceptowania dobrej przeszłości i przyznania wysokiej oceny moralnej działaczom starszego pokolenia, odpowiednio do ich poglądów i czynów, czyli na gruncie wartości. Było to w kategoriach doraźnego interesu zrozumiałe, zwłaszcza kiedy w atmosferze dominującej w życiu publicznym wszystko, co pochodziło z Polski Ludowej, a więc i wszyscy, którzy w niej działali pozytywnie, na gruncie ówczesnej racji stanu, było obarczane epitetem postkomunizmu i uznawane nie tylko za antypolskie, lecz także nielegalne.

Ci, którzy reprezentowali publicznie w ostatnim okresie Polski Ludowej i początkach III Rzeczypospolitej lewicowe wartości, wywodzący się z PZPR intelektualiści i moraliści europejskiej klasy tacy jak Mieczysław Rakowski, Janusz Reykowski, Hieronim Kubiak, Władysław Baka, Andrzej Werblan, Jerzy Wiatr, Kazimierz Barcikowski, okazywali się w życiu politycznym lewicy niepotrzebni i moralnie niewygodni. Dla Mieczysława Rakowskiego, przez kilkadziesiąt lat, wraz z kierowanym przezeń tygodnikiem „Polityka", najwybitniejszej postaci polskiego życia publicznego, promotora procesów modernizacyjnych, otwierania na Europę i świat, walki z ksenofobią i paroksyzmem stalinowskiego populizmu w marcu 1968 r., pozostało tylko miejsce mentora, wraz ze stworzonym przez niego wielkiej klasy miesięcznikiem „Dziś"[3].

Zresztą w życiu publicznym, które zmienia się w medialny jazgot, nosiciele zasad i wartości, intelektualiści i moraliści stają się w ogóle coraz mniej potrzebni. Także po stronie zwycięzców. Świadczy o tym stopniowe eliminowanie z polityki największych postaci obozu Solidarności – Tadeusza Mazowieckiego, Karola Modzelewskiego, Bronisława Geremka, Jacka Kuronia, Adama Michnika, Aleksandra Małachowskiego czy Wiesława Chrzanowskiego albo górującego nad znajdującym się w pozornym centrum ruchem ludowym Mikołaja Kozakiewicza.

---

[3] Podobnie jak „Kultura" Jerzego Giedroycia, „Dziś" przestało wychodzić wraz ze śmiercią swego założyciela.

Partia lewicy w okresie uczestniczenia i współuczestniczenia we władzy państwowej nie potrafiła także wykorzystać swej pozycji w stosunku do mediów publicznych. Wobec jednolitego ataku głoszącego odpowiedzialność współczesnej lewicy za nieprawości polityki informacyjnej i czystkę kadrową w mediach okresu stanu wojennego, a także negującego polityczne i moralne prawo lewicy do prowadzenia dysputy publicznej – ugrupowania lewicy i czynniki władzy zajęły postawę defensywną, a zarazem wykazały niezdolność do oceny własnej przeszłości. Powołując się na wspólnotę pokoleniową z zagarniającymi rządy w mediach i ich programem ludźmi prawicy (tzw. grupą „pampersów"), osłabiały przede wszystkim kulturalną i obywatelską wartość mediów.

Tymczasem media, telewizja i radio publiczne z ich programem kulturalnym, ale także piśmiennictwo kulturalne i ruch wydawniczy, były w okresie Polski Ludowej fenomenem na poziomie europejskim, gwarantującym Polsce i Polakom więź z kulturą światową i pozbawione kompleksów w niej uczestnictwo. Zarazem były i mają prawo być w tym zakresie nadal (warto tu wskazać na jakość zasobów archiwalnych współczesnych mediów publicznych) tytułem lewicy do dumy z własnej przeszłości.

Niezdolność do podtrzymania wielkiej kulturalnej i obywatelskiej roli mediów właściwa okresowi ostatniego dwudziestolecia przybrała ze strony politycznych centrów lewicy postać zgody na uczynienie z telewizji i radia publicznego spółek prawa handlowego i gracza na rynku mediów. Zadanie współtworzenia wartości kultury i społeczeństwa obywatelskiego zostało w publicznych środkach masowego przekazu zastąpione kultem biznesowego sukcesu. Kultura ustąpiła więc przed produkcją towaru masowej konsumpcji, osłabł opór przed agresją prawicowego fundamentalizmu i manipulacją pamięcią historyczną społeczeństwa, nazwaną polityką historyczną.

Podobne – choć bardziej ograniczone w społecznym zasięgu – konsekwencje przynosi upadek jedynego dziennika lewicy „Trybuny", odgrywającego także niemałą rolę w racjonalnym przewartościowaniu przeszłości polskiej lewicy. Ciągle także nie może osiągnąć spokojnej stabilizacji znakomity tygodnik społeczno-polityczny „Przegląd", który potrafi ukazywać m.in. przeszłość Polski Ludowej w sposób obiektywny, a zarazem wydobywać w wielu barwach dziejowy dorobek polskiej lewicy i racjonalnie kształtować świadomość historyczną polskiego inteligenta. Jest paradoksem, że jedynym niezagrożonym w swym istnieniu periodykiem przynoszącym nieraz znakomite eseje na temat przeszłości lewicy oraz problemów wewnętrznych i międzynarodowych Polski Ludowej jest wysokonakładowy, ale zupełnie prywatny tygodnik satyryczny „NIE". Wciąż działające i podejmujące także sprawy Polski i polskiej lewicy XX w. periodyki jak „Krytyka Polityczna", „Zdanie", „Res Humana", „Myśl Socjaldemokratyczna", „Forum Klubowe" i inne, choć reprezentują wybitny poziom intelektualno-kulturalny, mają charakter niszowy, są inicjatywami niewielkich grup humanistów, a nie instrumentami wielkiego ruchu polskiej lewicy.

Wszystko to dotyczy zresztą sprawy szerszej niż media i piśmiennictwo, a historycznie podstawowej: stosunku lewicy do kultury i uczestnictwa w niej, także w jej tworzeniu i oddziaływaniu międzynarodowym, możliwie najszerszych grup społecznych i ludzkich indywidualności. Do kultury rozumianej jako narzędzie samorealizacji człowieka i jego integracji społecznej. Dziś, na tle minionego dwudziestolecia, dobrze widać, jak wielki był dorobek Polski Ludowej i polskiej lewicy w tej dziedzinie, jak ważne jest więc jej dziedzictwo w tym zakresie. Warto też zapamiętać, że ostatnim wielkim i dobrze przemyślanym programem kultury stworzonym w dyskusji społecznej przez lewicę, pod koniec jej uczestnictwa we władzy w III Rzeczypospolitej, był ten zawarty w Narodowym Planie Rozwoju na lata 2007–2015, opracowanym pod kierownictwem wicepremiera Jerzego Hausnera, a porzucony natychmiast i niczym niezastąpiony po przejęciu władzy przez ugrupowanie centroprawicowe.

Debata publiczna ostatnich miesięcy, jak się wydaje się, zapowiada głębokie zmiany w ocenie polskiej przeszłości po drugiej wojnie światowej. Dominujące w minionym dwudziestoleciu mity o „komunizmie" i „postkomunizmie" oraz ich monolitycznym w Polsce charakterze, także mit o monolitycznym charakterze ruchu Solidarności i poprzedzających ją ruchów opozycyjnych w Polsce Ludowej, schodzą z porządku dnia. Podobnie jak mit o dychotomicznym podziale na Polskę dobra i Polskę zła. Toruje sobie drogę wiedza o głębokim wewnętrznym zróżnicowaniu zarówno tego, co było Polską Ludową i Polską Zjednoczoną Partią Robotniczą, jak i różnicach wewnątrz tego, co od połowy lat sześćdziesiątych ukształtowało się w ustrojową opozycję, aby w latach osiemdziesiątych przybrać postać zwycięskiego obozu Solidarności. Upowszechnia się świadomość, że wewnątrz każdego z tych kierunków politycznych istniały skonfliktowane tendencje związane z odmiennymi systemami wartości. Można je – w sporym uproszczeniu – podzielić na lewicowe i prawicowe.

Ostrość walki o zmianę ustroju politycznego na gruncie różnego rozumienia polskiej racji stanu powodowała, że zacierały się różnice systemów wartości w łonie stron wciągniętych w historyczny konflikt. Odzyskanie zaś przez Polskę pełnej suwerenności, rozwój systemu demokracji i praw człowieka ujawniały i pogłębiały podziały według systemów wartości właśnie i podważały mit monolitycznego „komunizmu" i „postkomunizmu" z jednej strony oraz solidarnościowo-katolickiej wspólnoty narodowej z drugiej.

Zbliżone rozumienie wartości demokratycznych i lewicowo-liberalnych przez nurt socjaldemokratyczny wywodzący się z PZPR i lewicę w obozie posolidarnościowym ujawniło się także we wspólnym pojmowaniu współczesnej polskiej racji stanu podczas uchwalania Konstytucji RP oraz wprowadzania Polski do NATO i Unii Europejskiej.

Porażkę poniosły jednak dotychczas próby porozumienia międzypartyjnego, inspirowane np. przez wspólny artykuł programowy Włodzimierza Cimoszewicza i Adama Michnika pod znamiennym tytułem *O prawdę i pojednanie*, opublikowany we wrześniu 1995 r. na łamach „Gazety Wyborczej" i „Trybuny". Podobnie nie powiodła się o wiele bardziej zaawansowana, inspirowana przez Aleksandra Kwaśniewskiego próba utworzenia przez działaczy SLD i dawnej Unii Demokratycznej w 2007 r. partii i ugrupowania parlamentarnego Lewica i Demokraci.

Wydaje się, że przyszłość pozwoli jednak na powstanie porozumienia sił politycznych polskiej lewicy i centrolewicy, także w celu lepszej integracji Polski w Unii Europejskiej (dzisiejsze niebezpieczne zahamowania tego procesu w Europie mogą być przezwyciężone również przez międzynarodowe porozumienia sił lewicy i centrolewicy). Przyszłość wręcz zgłasza zapotrzebowanie na nowoczesną lewicę jako ruch ludzi żyjących z pracy i zmierzających do przezwyciężania niesprawiedliwych różnic społecznych, szczególnie przez powszechność udziału w wiedzy i kulturze.

Ideały i wartości, które inspirowały ruch polskiej lewicy, również w bardziej i mniej odległej przeszłości, mogą być jej legitymacją także współcześnie i w przyszłości. Nowe techniki i technologie rewolucjonizują sposoby pozyskiwania i wymiany informacji, poruszania się ludzi w skali globu, powiększają długość i jakość ich życia, ale nie zmieniają przecież istoty człowieczeństwa.

# LEWICA A MEDIA, KWESTIA JĘZYKA

## TOMASZ GOBAN-KLAS

## Lewica a media – refleksje na oczywisty temat

### 1. Teza podstawowa

Lewica, która w dziedzinie mediów była tradycyjnie mocna, zarówno teoretycznie, jak i praktycznie, w III RP problem polityki medialnej i działania medialne zaniedbała, a w praktyce uwikłała się w problematyczne legislacje (kulminacją była tzw. afera Rywina). Tym samym pozbawia się szans efektywnego działania politycznego, we współczesnym społeczeństwie bowiem polityka bez mediów jest anachronizmem.

### 2. Historyczne wspomnienie

Narodziny i rozwój prasy wiąże się z krytyką polityczną i rewoltą, na ogół o lewicowym charakterze. Rewolucyjne ugrupowania – od czasów rewolucji francuskiej – wysuwając hasła praw człowieka i obywatela, głosiły postulat wolności prasy i – co ważniejsze – z niego (legalnie i nielegalnie) korzystały. Prasa partyjna, biuletyny, broszury, pamflety były podstawowymi narzędziami informacji ideologicznej i politycznej, debaty, integracji i pozyskiwania członków ruchów, partii i frakcji. Odłamy opinii politycznej zabiegały o własne pisma, których koszty pokrywane były głównie przez partie, a ich linia programowa – ściśle wyznaczona. Ta prasa – jak to ujął jej główny teoretyk W.I. Lenin – była „kolektywnym propagandystą, agitatorem i **organizatorem** (podkreślenie – T.G.K.)". Jej rolę ujmowało najwięźlej stwierdzenie G. Dymitrowa: „Prasa – to wielka siła", które wyrażało przekonanie o sile oddziaływania masowego przekazu. Prasa partyjna była jednak siłą kształtowaną i podporządkowaną partii, a jej dziennikarz – oddanym żołnierzem frontu ideologicznego. Nie rodziło to wszakże konfliktu z zasadą wolności słowa, w warunkach pluralizmu prasowego bowiem kto się z linią programową nie zgadzał, mógł – przynajmniej teoretycznie – przejść do innego organu albo założyć własny. Odpowiadało to także logice wolności prasy w systemie kapitalistycznym – „prasa jest wolna dla tego, który ją ma".

Dopiero zwycięstwo komunizmu w jednym kraju, a potem w bloku państw, oznaczało likwidację owego pluralizmu (w myśl wcześniejszej saintjustowskiej zasady „Nie ma wolności dla wrogów wolności") i wprowadzenie zasady jednolitości systemu prasowego (potem także radiowego i telewizyjnego, a więc medialnego). Media masowe stały się własnością partii/państwa, partia nadawała kierunek, a państwo poprzez cenzurę (Glavlit, UKPPiW) utrzymywało monopol zakresu wypowiedzi publicznej.

Mimo ograniczeń politycznych i ideologicznych system mediów publicznego rozpowszechniania (tak nazwę tzw. środki masowej informacji i propagandy) pełnił nie tylko funkcje służebne wobec linii partii i ideologii, lecz także szerokie funkcje informacyjne, edukacyjne, kulturalne, a nawet – i to w coraz większym stopniu – rozrywkowe. Przeto prasa – gazety, a jeszcze bardziej czasopisma, radio i telewizja – cieszyła się powodzeniem wśród odbiorców, a nawet media te były dochodowe. Jednak komponenta polityczna wobec rosnącej gwałtownie od 1980 r. niechęci do partii oraz działanie cenzury tworzyły atmosferę coraz bardziej niechętną systemowi oficjalnych partyjno-państwowych mediów. Nic przeto dziwnego, iż po rozwiązaniu PZPR szybko została ustawowo zlikwidowana państwowa kontrola prasy i postawiony w stan likwidacji jej prasowy koncern RSW „Prasa-Książka-Ruch". Jej tytułami podzieliły się ugrupowania dawniej opozycyjne, które jednak nie potrafiły uzyskać stałej rentowności, nastąpiła więc zmiana właścicielska. Po wielu perypetiach aktualnie niemal cała produkcja prasowa w Polsce jest kierowana przez koncerny zagraniczne, bynajmniej nie lewicowe.

## 3. Narodziny nowego systemu

Wprowadzenie pełnej wolnej konkurencji na rynku prasowym, przy jednoczesnym odebraniu byłej PZPR koncernu RSW, oznaczało pozbawienie nowej lewicy rozwiniętego (i dochodowego) systemu prasowego. Przekształcenie Radiokomitetu w elektroniczne media publiczne (na podstawie ustawy z 1993 r.) nadało radiofonii i telewizji quasi-publiczny charakter, z dominantą ochrony pozycji Kościoła rzymskokatolickiego (klauzula ochrony wartości chrześcijańskich). Sposób wyboru ciał nadzorczych i kierowniczych w mediach publicznych uzależniał je od trendów zmian politycznych, a generalnie nadawał charakter prawicowy, gdy chodzi o linię programową w zakresie informacji i publicystyki oraz większość kadr, a jednocześnie komercyjny, gdy chodzi o dochody, styl i rodzaj programów.

## 4. Tak zwana afera Rywina i jej konsekwencje

Rozbicie wszelkich wpływów byłej PZPR w mediach masowego rozpowszechniania było w latach 1990–2004 całkowite, ale pojawiły się nowe, choć niewielkie, wpływy socjaldemokracji (formalnie SLD). Nie były żadną przeciwwagą dla rozwiniętego systemu prawicowych mediów prasowych, w tym niektórych bardzo fundamentalistycznych, ani nawet dla systemu komercyjnych mediów elektronicznych oraz wyznaniowego radia. Ograniczały jednak pewne ekscesy medialne.

Wywołanie w 2003 r. medialnego skandalu wokół „mataczenia" przy nowelizacji ustawy o radiofonii i telewizji w 2002 r., powiązane z działaniami Lwa Rywina oraz mitycznej „grupy trzymającej władzę", niezwykle skutecznie dyskredytowało politykę, nie tylko medialną, całej lewicy. Niezależnie od politycznej oceny działań wszystkich stron w tej „aferze" oczywiste jest nie tylko to, kto na niej skorzystał, lecz także kto przez nieumiejętne działania stracił. I to bardzo wiele.

## 5. Polityka wieku informacji jest polityką zmediatyzowaną

O ile omówione traktowanie działalności agitacyjno-propagandowej dla partii politycznej było bardzo ważnym, ale niejedynym i nawet nie podstawowym działaniem, o tyle w warunkach działania partii wyborczych (mało członków, wielu wyborców) zdobywanie i utrzymanie władzy opiera się na opinii jak najszerszych kręgów, a tę kształtują media masowego rozpowszechniania. Pozyskiwanie uwagi publicznej, w tym działania tzw. piarowskie, a właściwie nazywane **zarządzaniem mediami** (termin w istocie mylący, sugeruje bowiem raczej zarządzanie organizacją medialną, gdy właściwie chodzi o podrzucanie mediom propozycji tematycznych „nie do odrzucenia"), jest podstawą działania politycznego ery informacji.

## 6. Wygrywa ten, kto narzuci swoją definicję sytuacji (język)

Starochińska mądrość powiada, że wygrywa ten, kto wybierze trafnie pole bitwy. W sferze opinii przekłada się to na tezę tzw. *agenda setting*, czyli wprowadzania tematów do debaty publicznej, co współcześnie dokonuje się głównie *via* media. W ostatniej instancji to media publicznego rozpowszechniania wpływają jeśli nie na to, co ludzie myślą, to co najmniej na to, o czym myślą, a często na to, jak myślą. Ta ostatnia kwestia to sfera wprowadzonego języka dyskursu, a prościej mówiąc – etykietowania. Prostym przykładem było popularne niegdyś określenie „baronowie SLD", podsunięte przez prawicowych publicystów, ale nienegowane przez samych „baronów".

Pierwszym zatem zadaniem lewicy w mediach jest aktywne podejmowanie właściwego dyskursu, odrzucanie dyskredytujących określeń, a co najważniejsze – wprowadzanie własnego języka. Nie wygra się żadnej potyczki słownej w telewizji czy radiu, jeśli w całości będzie się akceptować proponowany język. Na ironię zakrawa fakt, że największy symboliczny cios epitetowi „postkomunizm" zadał w wyborczej kampanii prezydenckiej Jarosław Kaczyński, odcinając się od niego na rzecz „lewicy".

Klaryfikacji języka lewicy musi towarzyszyć odświeżenie dawnych terminów, takich jak „kapitalizm", „wyzysk" itd., których treść nie zniknęła, ale forma uległa zmianie. Nie słychać tych słów w języku medialnych reprezentantów lewicy. Jak pisał niegdyś Konstanty Ildefons Gałczyński w wierszu *Komuniści z Rotondy:* „O komuniści łagodni, staruszki zdziecinniałe!". I dodawał: „Już każdy z nich ma posadkę i co dzień nowy garnitur"[1].

---

[1] Inny fragment: „Co za ukłony wersalskie, co za kunsztowny dialog! Kalambury sieją socjalne i jeden drugiego chwalą".

## 7. Media a zróżnicowanie społeczne

Istotną troską lewicy powinna być dbałość o zapewnienie medialnego sprawiedliwego obrazu środowisk politycznie, społecznie i ekonomicznie słabszych. Nie trzeba być medioznawcą, aby dostrzec, że tzw. elity są nie tylko nadreprezentowane w mediach, ale i nieustannie eksponowane. Najnowszy przykład – media od 10 kwietnia 2010 r. nieustannie prezentują, komentują itd. ofiary katastrofy samolotowej w Smoleńsku, w tym szczególnie jedną z nich. Natomiast śmiertelne ofiary katastrofy autobusowej pod Berlinem 26 września tegoż roku w liczbie 14 (nie licząc kilkudziesięciu ciężko rannych) nie są wspominane przez media, nie organizuje się „pielgrzymek" w miejsce wypadku, państwo nie angażuje się w ich upamiętnianie, choć przez pierwsze dni były obiektem uwagi najwyższych władz państwowych. Nie należały jednak do elit, więc i nie będą obiektem medialnej pamięci.

Analiza zawartości wszelkich przekazów medialnych – od serwisów informacyjnych do popularnych seriali – pokazuje głównie osoby, które mają władzę, pieniądze lub prestiż (razem lub osobno). Tak jest na całym świecie, w Polsce do tej kategorii należy dodać osoby duchowne (księża i zakonnice) prezentowane w rolach lokalnych liderów opinii. Z kolei w programach publicystycznych dominują eksperci-komentatorzy (ang. *pundits*), z kilku ośrodków uniwersyteckich i w niewielkiej liczbie. Daleko tu do jakiegokolwiek spektrum rzeczywistych opinii ludzi kompetentnych czy tzw. interesariuszy (osób, których problem dotyczy). Opinie tzw. szarych ludzi są w mediach nieobecne, poza zbiorczymi sondażami.

## 8. Moc kanałów komunikacji społecznej

Komunikacja społeczna – choćby w formie propagandy i agitacji masowej – była zawsze jednym z głównych nurtów działania politycznego lewicy. Jej odnowa musi odrzucić uproszczony obraz mediów-organów czy mediów-podległych kadrowo i w zamian wprowadzić nowoczesny model sieciowej komunikacji społecznej, czyli w znacznej mierze autonomicznego, niezmiernie rozbudowanego i skomplikowanego układu powiązanych różnorakich mediów, nad którym nikt nie sprawuje pełnej kontroli. Taki obraz dokumentuje ostatnia praca Manuela Castellsa *Siła komunikacji*. Na ten układ –

oprócz podstawowych wielkich mediów masowych, niekiedy glo-
balnych – składają się setki tysięcy mniejszych, lokalnych, regio-
nalnych, „glokalnych", społecznych (internetowych) itd. Są tu pola
i nisze do zagospodarowania, większym i mniejszym kosztem, ale
zawsze wymagające zaangażowania i inwencji. Jeśli rzeczywiście
istnieje społeczne podłoże dla lewicowych ideologii, wrażliwości,
interesów itd., to znajdą one sobie kanały komunikacji swych idei,
wartości, celów. Jeśli tak nie jest albo nie będzie, oznacza to, że lewica stała się symboliczną wydmuszką.

## 9. Cienki głosik lewicy

Własne media o profilu lewicowym są przysłowiową kroplą
w medialnym morzu. To sztandarowa „Krytyka Polityczna", pismo
młodej generacji lewicowej. Tygodnik „Przegląd" ma charakter lewicowy, stanowi platformę opinii dla starszego pokolenia.

Jest także krakowskie „Zdanie" (kwartalnik-nieregularnik), półrocznik polityczno-artystyczny „Lewą Nogą"; kwartalnik kultural-
no-polityczny „Bez Dogmatu"; półrocznik społeczno-polityczno-hi-
storyczny „Rewolucja". Jest „Nowy Tygodnik Popularny", związany
z OPZZ, od 2004 r. dwumiesięcznik „Przegląd Socjalistyczny".

*Summa summarum* – na tle pism prawicowych i im podobnych –
poletko medialne lewicy jest maleńkie i słabo uprawiane.

Z kolei obecność lewicy w internecie jest dostrzegalna, ale nie
imponująca. Niektóre portale są na bardzo wysokim poziomie,
np. www.lewica.pl. Funkcjonuje także www.socjalizm.org, ale jest
to portal bardziej związkowo-pracowniczy. Należałoby dokonać do-
kładnego przeglądu stron internetowych, jest to bowiem dziedzina
bardzo płynna. Nie wyróżniają się też inwencją strony posłów lewicy ani nawet SLD. Blogi lewicowe są rozproszone po różnych portalach.

## 10. Nowa polityka medialna lewicy

Główną przyczyną dezorientacji lewicy w sprawach mediów było
zaniedbanie przez nią wypracowania **nowej polityki medialnej**,
opartej na:
a) całkowitym odrzuceniu oraz historycznym potępieniu monopolu
medialnego, a także wielu praktyk okresu PRL,

b) opracowaniu własnego katalogu zadań (misji) elektronicznych mediów publicznych, w tym ochrony praw mniejszości, poparcia wyrażania opinii grup społecznie i kulturowo słabszych, wolnej ekspresji artystycznej itd. (rozwinięcie tego katalogu wymaga zbiorowej debaty lewicowej),

c) co najmniej jednej ogólnopolskiej gazecie codziennej, nie partyjnej, ale sympatyzującej z partią lewicową i lewicowym otoczeniem,

d) jednym poważnym tygodniku opinii o lewicowej orientacji,

e) kilkunastu czasopismach sprofilowanych,

f) wielu różnorodnych portalach i mediach społecznych,

g) klubach czy kołach inspirujących i dostarczających materiały do wyżej wymienionych mediów.

## 11. Najważniejszy kierunek działania

Treść, czyli przekaz, nie medium, jest najważniejsza. Treść określają dokumenty programowe, własne przemyślenia i opinie. Medium jest jednak i formą, i platformą dla głoszenia przekazu. Jest zatem niezbędne. Ma także własne zasady działania (tzw. logika mediów), które należy znać i stosować, jeśli przekaz ma dotrzeć do zamierzonego audytorium. Na razie utrwaliło się przekonanie, że wystarczy, jeśli sprawdzeni medialnie przedstawiciele lewicy pokażą się w debatach medialnych, aby umacniać wizerunek lewicy jako wiecznie żywej. Sondaże jednak dowodzą, że taka forma prezentacji jest skuteczna głównie dla rozpoznawalności polityka, a nie dla głoszonych przezeń opinii. Wynika to przede wszystkim z formuły debat – konfrontacji dwóch lub trzech polityków o zdecydowanie różnych postawach i opiniach, co wywołuje medialną kłótnię, w której giną argumenty, utrwalają się zaś jedynie twarze. Potrzebne są natomiast prezentacje problemowe, nie wizerunkowe.

Umiejętność komunikowania swoich poglądów była zawsze cechą potrzebną działaniom politycznym, dzisiaj jest ona cechą niezbędną. Aby była skuteczna, wymaga jednak czegoś więcej niż przekonania, poglądy, opinie oraz zdolność formułowania i publicznego wyrażania myśli. Wymaga wewnętrznej pasji – sprzeciwu wobec teraźniejszości i motywacji do jej ulepszania. W jakim stopniu taka pasja istnieje – to kwestia inna, socjologiczna.

# Piotr Żuk

## Uwagi do raportu *Projekt dla Polski* (zwłaszcza opracowania *Trzecia Rzeczpospolita a lewica*)

Opowieść o lewicowej Polsce czyta się przyjemnie, a jej publicystyczna forma pozwala zrozumieć wyrażone refleksje szerokim kręgom odbiorców. Pozwolę sobie sformułować kilka uwag krytycznych, które należałoby traktować jako przyczynek do dyskusji, a nie zdecydowane odrzucenie sformułowań zawartych w opracowaniu. Używane w tekście sformułowanie „demokratyczny kapitalizm" jest kategorią z jednej strony dość ogólną, z drugiej zaś zbyt teoretyczną. W dalszej części opracowania Autor słusznie zwraca uwagę na fakt, iż w realnym świecie spotykamy różne modele kapitalizmu, ale jednocześnie nie definiuje, co ma na myśli, pisząc „demokratyczny kapitalizm" (który jest bardziej lub mniej demokratyczny: skandynawski, niemiecki, amerykański czy może japoński?). Zamiast wchodzić w pogłębione analizy teoretyczne lub też pozostawać na poziomie bardzo ogólnego sformułowania, proponuję używać terminu „realny kapitalizm" – coś, co istnieje w praktyce społecznej, dzięki czemu można ten ład opisywać, krytykować oraz analizować. Takie sformułowanie z jednej strony jest bardziej praktyczne, z drugiej zaś pozwala łatwiej budować wspólny mianownik dla krytyków obecnego porządku.

Użycie określenia „realny kapitalizm" jako punktu odniesienia dla formułowania własnych, postulowanych modeli społecznych nie wymaga stosowania jakichkolwiek etykiet i nazw wobec pożądanego ładu społecznego.

W opracowaniu brakuje wyraźnego opisu „podmiotu emancypacyjnego", który może być bazą społeczną dla zmian w sferze kulturowej (działań na rzecz bardziej wolnościowych **wartości**) oraz zmian w sferze ekonomiczno-społecznej (bardziej sprawiedliwego ładu oraz obrony **interesów** klas i grup społecznych dyskryminowanych). Mówiąc inaczej: brakuje wskazania konkretnego zaplecza dla lewicowych postulatów, ponadto nie ma opisów sposobu dojścia do środowisk, które miałyby stać się bazą społeczną dla lewicy w Polsce.

Zamiast mówić o „równości szans", lepiej jest mówić o „równości". „Równość szans" to określenia z języka liberałów – używając tego terminu, mają zazwyczaj na myśli równość formalną (wobec prawa), a lewicy powinno chodzić o równość realną. Zamiast o „równości szans", lepiej mówić o „równych skutkach". Warto w tym miejscu dodać, że lepiej jest używać języka ze słownika lewicowego (np. w tym kontekście stosować określenie Pierre'a Bourdieu „kapitał kulturowy" w relacji z „kapitałem ekonomicznym"). Podobnie jest z pojęciem „wolności". Warto wyraźnie podkreślić, że w przypadku lewicowego definiowania wolności chodzi o „wolność od" zarówno przymusu państwa, jak i od ekonomicznej presji rynku. Wolność ma obejmować zarówno sferę społeczno-kulturową (sferę „wartości"), jak i wymiar społeczno-ekonomiczny (sfera „interesów"). Jest jednocześnie „wolnością do" prawa do własnego stylu życia, samorealizacji i bezpieczeństwa socjalnego.

Zamiast pisać o „patriotyzmie" (który ma zawsze konotacje narodowe), lepiej jest mówić o przywiązaniu przez lewicę do wartości obywatelskich i obronie „republiki obywateli" (patriotyzm nie narodowy, lecz obywatelski). Problemem nie jest taki czy inny stosunek do patriotyzmu, ale odmienne rozumienie tego pojęcia. Podobnie jest ze sprawą stosunku lewicy i prawicy do tradycji – kryterium dzielącym te dwie opcje nie jest pozytywny lub negatywny stosunek do tradycji, ale odmienne formy i tradycje, do których odwołuje się lewica i prawica (np. dla hiszpańskiej prawicy punktem odniesienia może być Franco, dla lewicy zaś tradycją, do której się odwołuje, jest walka i działalność hiszpańskich antyfaszystów broniących republiki w latach 1936–1939). Sensownym zabiegiem w tym miejscu byłoby wskazanie, do jakiej tradycji może odwoływać się współczesna lewica w Polsce.

# INDEKS

44281